W0046286

BIO?

DAS BIO-KOCHBUCH

LOGISCH!

© Naumann & Göbel Verlagsgesellschaft mbH, Köln

Alle Rechte vorbehalten

Alle Texte, bis auf die Rezepte: Ulrike Bültjer, Hamburg

Rezepte: Sylvia Winnewisser

Coverfoto: StockFood

Foodfotografie Rezeptteil: Studio Klaus Arras, Köln

Mitarbeit: Katja Briol und Rafael Pranschke

Fotografie Einleitung: S. 6, 9, 10-11, 13, 15-16, 20, 23-25, 32-33, 37-38, 40-42, 45-46, 48-49, 51, 55-56, 60-61: mauritius images; S. 17, 19, 22, 24, 26-31, 34-36, 39, 43-44, 47, 50, 52-53, 57, 59: TLC Fotostudio

Fotografie Kapitelaufmacher: S. 64-65, 82-83, 110-111, 132-133, 166-167, 188-189, 224-225: TLC Fotostudio

Gesamtherstellung: Naumann & Göbel Verlagsgesellschaft mbH

ISBN 978-3-625-11842-8

www.naumann-goebel.de

BIO?

DAS BIO-KOCHBUCH

LOGISCH!

INHALT

VORWORT

Als vor gut 30 Jahren die ersten Naturkostläden Lebensmittel aus ökologisch kontrolliertem Anbau anboten, reagierte die Mehrheit der Verbraucher eher verhalten. Doch die Zeiten haben sich geändert. Heute ist Bio in aller Munde, und das weltweit. Das Angebot wächst ständig, die Produktvielfalt bietet alles, was das Herz begehrt, und das in einer Qualität, die unserer Gesundheit guttut.

Spitzenköche wissen es schon lange: Nur aus den besten Zutaten lassen sich kulinarische Meisterwerke zaubern. Und so schwören sie auf Produkte, die möglichst natürlich angebaut und reif geerntet wurden, sodass sie ihre wertvollen Inhaltsstoffe behalten und ihr volles Aroma entwickeln konnten. Tag für Tag beweisen sie in ihren Restaurants: Bio-Küche ist reine Feinschmecker-Küche, und daran finden immer mehr Genießer Geschmack. Sie haben erkannt, dass Vielseitigkeit, kulinarische Raffinesse, Genuss und Qualität zusammengehören. Und dass vor allem die Art und Weise, wie unsere Lebensmittel produziert werden, einen großen Einfluss auf unsere Gesundheit und unser Wohlbefinden hat. So wählen immer mehr Menschen eine ausgewogene Biokost aus Zutaten, die aus natürlichen und umweltverträglichen Anbaumethoden und Tierhaltungen stammen. Kurzum – sie entdecken die Lust am gesunden Genuss.

Doch was ist eigentlich ökologisch kontrollierter Landbau? Ist Bio wirklich gesünder? Und wie findet man sich im Bio-Dschungel zurecht?

Auf alle diese Fragen liefert Ihnen dieses Buch mit seiner ausführlichen Einleitung die Antworten. Und damit darüber der Genuss nicht zu kurz kommt, wurden für Sie Rezepte zusammengestellt, die den kulinarischen Beweis antreten, wie raffiniert und lecker Bio-Kost sein kann.

Ob feine Snacks und kleine Gerichte, abwechslungsreiche Suppen und Eintöpfe, aromatische Hauptgerichte mit Fleisch, Geflügel, Fisch oder Gemüse oder traumhafte Gebäck- und Dessertkreationen – hier finden Sie bestimmt das passende Biorezept. Lassen Sie sich überraschen, denn für jeden Geschmack ist etwas dabei.

Guten Appetit!

Ihre
Ulrike Bültjer

Gesund leben mit Genuss

Vorbei sind die Zeiten, als man Biokost nur mit körneressenden Gesundheitsaposteln und verschrumpelten Möhren gleichsetzte. Ein neues Bewusstsein für Lebensqualität, Gesundheit und Umwelt lässt immer mehr Verbraucher nach Naturkost greifen. Lebensmittelskandale wie Rinderwahn, Antibiotika im Schweinefleisch, Salmonellen in Geflügel und Eiern und Nitrat im Salat sowie die Diskussion um die Gentechnik haben vielen den Appetit auf die betroffenen Lebensmittel gründlich verdorben. Doch man muss nicht gleich zum Vegetarier werden oder auf Eier, Käse und Milchprodukte verzichten, um sich gesund zu ernähren. Bio-Produkte sind eine echte Alternative, und immer mehr landwirtschaftliche Betriebe liefern Lebensmittel, die auf natürliche Weise hergestellt worden sind und ohne Chemie auskommen. Obst und Gemüse werden nicht künstlich hochgepäppelt, und Bio-Bauern setzen auf Stallmist. Bei der Tierzucht wird auf Massentierhaltung verzichtet, Masthilfen wie Antibiotika und Hormone sind verboten. Selbst ausgesprochene Genießer finden Geschmack an Bio-Kost, seitdem Bio-Bäcker nicht nur trockene Kekse, sondern verführerische Sahnetorten, Bio-Schlachter saftige Steaks sowie herzhafte Salami und Bio-Winzer ausgezeichnete Weine und sogar Champagner herstellen. Und für Kinder gibt es Fischstäbchen, Pizza, Chips und Gummibärchen – natürlich aus biologischem Anbau. Bio boomt. Die vollwertige Kost gibt es inzwischen nicht nur im Hofladen des Bio-Bauern oder auf Wochenmärkten, sondern Naturkost ist längst ein fester Bestandteil im Angebot von Supermärkten und Discountern. Doch was bedeutet Bio eigentlich?

Ökologischer Landbau – die Alternative

Bio bedeutet die Rückbesinnung auf eine Ernährung, die früher ganz normal war. Als Lebensmittel noch nicht industriell bearbeitet werden konnten, wurde gegessen, was die Natur frisch lieferte. Bio ist aber auch ein handfestes landwirtschaftliches Konzept, in dessen Mittelpunkt der Einklang mit der Natur steht. Bio-Bauern fördern und erhalten den natürlichen Kreislauf, der von einem gesunden und aktiven Boden über robuste Pflanzen und Tiere letztlich zu gesunden und vollwertigen Nahrungsmitteln führt. Bio-Landwirte bearbeiten ihren Boden umweltschonend, bauen widerstandsfähige und wenig anfällige Pflanzen an, die dem Boden Stickstoff spenden und gleichzeitig den Tieren als Futter dienen. Zugekauftes Kraftfutter und chemische Düngemittel sind tabu. Dagegen dürfen Gülle und Mist in Maßen als Dünger eingesetzt werden. Ebenfalls verboten ist der Einsatz von Pflanzenschutzmitteln. Statt zur Giftspritze zu greifen, nutzt der Bauer die Waffen der Natur und setzt Käfer und andere Insekten zur Schädlingsbekämpfung ein. Aus diesem Grund findet man auf Bio-Bauernhöfen auch oft Hecken und Nistplätze für Tiere, die auf konventionellen Höfen schon längst verschwunden sind. Nur im äußersten Notfall sind stärkere Pflanzenschutzmittel auf natürlicher Basis erlaubt. Hinzu kommt, dass sich die Fruchtfolge jährlich ändert, während beim konventionellen Landbau auf einem Feld meistens nur eine Rüben- oder Getreidesorte wächst.

So leben Bio-Kuh & Co.

Der Respekt vor dem Tier ist oberstes Gebot im Öko-Landbau. Auf dem Hof leben nur so viele Tiere, wie dort ernährt und großzügig untergebracht werden können. Die Lebensbedingungen der Tiere sind artgerecht. Im Sommer leben und fressen sie auf der Weide, und den Winter verbringen sie in hellen, gut durchlüfteten Ställen anstatt in engen Boxen. Sie stehen auf Einstreu und fressen

getrocknetes Gras, Klee oder Luzerne. In vorbildlichen Stallanlagen können sich Schweine sowohl drinnen als draußen aufhalten. Sie haben genügend Raum zum Umherschnüffeln und können sich nach Belieben an Bürsten kratzen und scheuern. Das Federvieh kann auf Sitzstangen ruhen und schlafen, es pickt im Freien Körner aus biologischem Anbau und darf im Mist oder Sand scharren. Die Tiere sind so weniger anfällig für Krankheiten. Und sollte dennoch ein Tier erkranken, kommen nur homöopathische oder pflanzliche Mittel zum Einsatz. Antibiotika sind nur in Ausnahmefällen erlaubt. Tiere, die damit behandelt wurden, dürfen erst dann geschlachtet werden, wenn die Arzneien komplett abgebaut sind. Immer mehr Bio-Landwirte setzen auf besonders widerstandsfähige Rinderrassen wie Galloway, Aberdeen-Angus, Charolais oder Limousin. Sie kommen völlig ohne oder mit einfachsten Unterständen aus und leben das ganze Jahr unter freiem Himmel. In der Regel werden die Kälber dieser Herden im Januar geboren und bleiben bis in den Herbst bei der Mutter. Auch bei der artgerechten Schweinehaltung besinnt man sich wieder mehr auf ältere Rassen wie dem Angler-Sattelschwein oder dem Schwäbisch-Hällischen Landschwein. Somit

die Felder hier nicht gepflügt, sondern nur gelockert, um die verschiedenen Bodenschichten nicht durcheinanderzubringen. Bodenflora und -fauna bleiben so an ihren Wirkplätzen. Die organisch-biologische Methode fand mit der Ökologiebewegung der 70er Jahre immer stärkere Verbreitung und ist heute weltweit die am häufigsten praktizierte biologische Anbaumethode.

Gütesiegel steht für Qualität

Wo Bio draufsteht, ist auch Bio drin – das jedenfalls garantiert die EG-Öko-Verordnung, auch EU-Bio-Verordnung genannt, die 1991 beschlossen wurde. Demnach dürfen in der Europäischen Union nur solche Produkte als Bio-Lebensmittel bezeichnet werden, die nach den Vorschriften der EG-Öko-Verordnung produziert und kontrolliert werden. Bio ist seitdem ein geschütztes Zeichen. Bio-Erzeuger befolgen strenge Regeln und müssen zum Beispiel auf Kunstdünger, chemische Pflanzenschutzmittel (Pestizide), Hormone und viele Zusatzstoffe verzichten. Auch der Einsatz von Gentechnik oder Bestrahlung zur Konservierung ist tabu. Außerdem müssen in jedem als ökologisch angebaut gekennzeichneten Produkt mindestens 95 % der Inhaltsstoffe aus ökologischem Anbau stammen. Ganz wichtig ist auch, dass Tiere artgerecht gehalten werden müssen und mit ökologischem Futter versorgt werden.

ist ökologischer Landbau nicht nur Umwelt- sondern gleichzeitig auch Artenschutz. Außerdem vermeidet er bewusst die Belastung von Boden, Wasser, Luft und Klima. Übrigens: Bio-Bauer wird man nicht von heute auf morgen. Ackerland muss vor der Aussaat mindestens zwei Jahre lang ohne verbotene Mittel bewirtschaftet worden sein, ehe die Ernte als Bio-erzeugnis gilt. Der Boden braucht Zeit, um sich zu erholen und die chemischen Stoffe abzubauen, erst dann darf der Landwirt seine Produkte als Bio verkaufen. In der Zwischenzeit müssen sie den Hinweis „hergestellt im Rahmen der Umstellung auf die biologische Landwirtschaft" tragen.

Mit Rudolf Steiner fing alles an

Drei Männer und eine Frau prägten in entscheidender Weise die Entwicklung des biologischen Anbaus. Dr. Rudolf Steiner, der Begründer der Anthroposophie, legte bereits in den 20er Jahren in seinen Landwirtschaftskuren die Grundlage des sogenannten biologisch-dynamischen Landbaus fest. Neben der Bodenpflege wird nach anthroposophischen Grundsätzen auch der Einfluss von Mond und Sternen im Anbau berücksichtigt. Diese Wirtschaftsweise wird heute noch vom Demeter-Verband praktiziert. In den 50er Jahren begründeten der Schweizer Politiker und Bauernführer Hans Müller, seine Frau Maria und der deutsche Arzt und Mikrobiologe Hans Peter Rusch den organisch-biologischen Anbau. Diese Methode basiert ausschließlich auf naturwissenschaftlichen Erkenntnissen. Wie beim biologisch-dynamischen Anbau ist auch hier für Kunstdünger und Pestizide kein Platz. Allerdings werden im Gegensatz dazu

Auch wenn diese Vorschriften nur Mindestanforderungen an Bio-Produkte und deren Verarbeitung stellen, gelten sie jedoch verbindlich für alle EU-Staaten. Ausnahmen gelten nur für Fische, Meeresfrüchte und Wein, da es für diese Produkte noch keine europäischen Vorschriften gibt.

Nur Erzeuger, die alle Vorgaben der EG-Öko-Verordnung erfüllt haben, erhalten das begehrte Bio-Siegel, das es allerdings in mehreren Ausführungen gibt. Zunächst einmal das blau-grüne Siegel der EU, das alle Mitgliedsstaaten verwenden können. Dieses Siegel tragen auch die Bio-Produkte, die von den europäischen Mitgliedsstaaten nach Deutschland eingeführt werden, zum Beispiel Bio-Pasta aus Italien und Bio-Reis aus Frankreich. Bei uns in Deutschland wesentlich bekannter ist das grüne Sechseck mit dem Schriftzug „BIO nach EG-Öko-Verordnung". Damit können alle Erzeugnisse gekennzeichnet werden, die entsprechend der EG-Öko-Verordnung hergestellt und kontrolliert werden. Heimische Bio-Produkte können aber sowohl das grüne Bio-Siegel als auch das Label eines Anbauverbandes tragen. Schlussendlich gibt es noch das grüne Sechseck mit regionalem Bezug. Die damit gekennzeichneten Lebensmittel dürfen nur von Betrieben stammen, die ausschließlich Öko-Landwirtschaft betreiben und deren Gemüse, Getreide und Obst sowie die Tiere aus der Region kommen.

Hohe Anforderungen der Anbauverbände

Weit strengere Vorschriften als für das europäische und das deutsche Gütesiegel gelten für die hiesigen Anbauverbände. Zurzeit ringen acht Anbauverbände um die Gunst der Bio-Kunden: Demeter, Bioland, Naturland, Biokreis, Biopark, Gäa und Ecoland. Sie alle garantieren mit ihrem eigenen Label für unbedenkliche Öko-Freuden. Weinfreunden sichert das Label des Verbandes ECOVIN ökologischen Anbau am Weinberg und auch ökologischen Keltervorgang zu. Über 90 % der Biohöfe sind in einem dieser Anbauverbände organisiert, die sich freiwillig mehr Vorschriften auferlegen, als der Gesetzgeber es vorschreibt. Ein paar Beispiele: Die EU-Verordnung erlaubt die Kombination von konventioneller und biologischer Hofhaltung und lässt außerdem zu, dass in bestimmten Fällen Felder mit Gülle aus konventionellen Betrieben gedüngt werden dürfen. Die Anbauverbände lehnen dieses ebenso strikt ab wie die Beimischung von Eisen, Selen und Jod ins Viehfutter.

Auch bei der Verarbeitung der Produkte gibt es gravierende Unterschiede. Laut EU-Verordnung müssen Obst und Gemüsesäfte nicht durch Pressen der Früchte gewonnen, sondern dürfen aus Fruchtsaftkonzentrat rückverdünnt werden. Außerdem erlaubt die EU in geringen Mengen und unter bestimmten Umständen den Gebrauch von Nitritpökelsalz zur Konservierung. Da dieser Stoff jedoch wegen möglicher Gesundheitsschäden umstritten ist, wird er von Demeter und von Bioland konsequent abgelehnt. Auch bei Fisch sind viele Verbände fortschrittlicher. Sie haben bereits Richtlinien für die Aufzucht von Süßwasserfischen aus Teichen und für Fische aus Aquakulturen – das sind riesige Fischfarmen im Meer, in denen Lachs und Co. unter öko-kontrollierten Bedingungen aufwachsen.

Vertrauen ist gut, Kontrolle ist besser

Strenge Kontrollen und Richtlinien der Verbände sowie der EU begleiten Bio-Produkte von der Saat über die Verarbeitung bis zur Verpackung. Von welchem Acker die Möhre stammt und auf welcher Weide die Kuh steht, die die Milch für den Käse liefert, ist schnell nachvollziehbar und jederzeit

transparent. Bio-Lebensmittel der Verbände sind die am strengsten kontrollierten Lebensmittel in Deutschland. Mindestens einmal im Jahr überprüfen unabhängige Kontrolleure die Mitgliedsbetriebe der Verbände. Nur wer die Richtlinien einhält, darf seine Produkte mit dem entsprechenden Label des Verbandes und der EU-Kontrollnummer kennzeichnen. Weil die Bestimmungen der Anbauverbände strenger und die Lebensmittel dadurch auch hochwertiger sind, kommen sie als Premium-Bio-Produkt auf den Markt.

Dennoch ist Vorsicht geboten, denn auch Supermärkte, Discounter, Bio-Supermärkte und Bio-Firmen haben für ihre Produkte eigene Bio-Qualitätssiegel kreiert. Zudem gibt es das Label für Bio-Qualität aus dem Reformhaus.

Woran erkennt man eigentlich Bio-Ware?

Ein Blick aufs Etikett verrät, ob es sich um Bio-Produkte handelt, denn dort befindet sich neben dem Bio-Siegel oder dem Label der Anbauverbände eine Codenummer der Kontrollstelle. Sie steht entweder alleine oder ist zusammen mit dem Namen der Kontrollstelle angegeben, zum Beispiel DE-099-Öko-Kontrollstelle. Nur Produkte mit diesem Code dürfen sich biologisch, ökologisch, aus kontrolliert ökologischem Anbau oder biologischer Erzeugung nennen. Bei unverpackter Ware muss der Verkäufer dem Kunden die Kontrollstelle auf Nachfrage nennen.

Licht im Öko-Dschungel

Siegel, Label und eigene Bio-Marken machen das Angebot immer unüberschaubarer. Damit Sie jedoch nicht den Überblick verlieren, finden Sie hier die Warenzeichen der wichtigsten Anbauverbände:

Der **Demeter Bund e.V.** ist der älteste Anbauverband in Deutschland. Sein Warenzeichen gibt es seit 1928. Er ist zudem der einzige Verband der biologisch dynamischen Landwirtschaft.

Bioland – Verband für organisch-biologischen Landbau e.V. ist der Fläche und Mitgliederzahl nach der größte ökologische Anbauverband in Deutschland.

Biokreis e.V. wurde 1979 als „Biokreis Ostbayern" gegründet. Inzwischen gibt es ihn bundesweit. Sein Hauptanliegen ist die Förderung der Zusammenarbeit von Erzeugern, Verbrauchern und Verarbeitern in einer überschaubaren Region nach ökologischen Grundsätzen. Der Vertrieb erfolgt ausschließlich im Naturkostfachhandel.

Gäa - Vereinigung ökologischer Landbau e.V. hat seine Wurzeln in der kirchlichen Umweltbewegung der ehemaligen DDR. Er möchte vor allem bäuerliche Betriebe im ländlichen Raum fördern und unterstützen.

Naturland Verband für ökologischen Landbau e.V., der zweitgrößte Anbauverband, ist auch in der Zertifizierung von Bio-Fisch, Meeresfrüchten und Öko-Fair-Trade-Produkten aktiv.

Biopark e.V. wurde 1991 in Mecklenburg-Vorpommern gegründet und hat sich vor allem der ökologischen Fleischerzeugung verschrieben. Die Produkte findet man vor allem im Lebensmitteleinzelhandel.

Ecoland ist ein kleiner, in der Region Hohenlohe ansässiger Verband. Er verbindet höchste kulinarische Ansprüche mit artgerechter Tierhaltung und Umweltschutz.

ECOVIN Bundesverband ökologischer Weinbau e.V. steht für ökologischen Anbau am Weinberg und steht auch für den ökologischen Keltervorgang. Seine Mitglieder verzichten auf Unkrautvernichtungsmittel, chemisch-synthetische Insektizide und Pilzbekämpfungsmittel.

Von Afrika bis Australien – Bio weltweit

Kaffee aus Costa Rica, Tee aus China oder Südindien, Äpfel aus Argentinien – immer mehr Bio-Produkte werden aus dem nicht-europäischen Ausland importiert. Auch für sie gelten strenge Regeln. So wurden zum Beispiel von der EU bisher nur sechs Drittländer, also Länder, die nicht Vertragspartei oder Mitgliedsstaat der Europäischen Union oder des Europäischen Wirtschaftsraums sind, für den Import von Bio-Lebensmitteln anerkannt, weil nur dort Öko-Landbau im Sinne der EU betrieben wird. Dazu gehören Argentinien, Australien, Costa Rica, Israel, Neuseeland und die Schweiz. Gehört ein Land nicht zu den anerkannten Drittländern, entscheidet die Bundesanstalt für Landwirtschaft und Ernährung, ob die Bio-Waren anerkannt werden. Dazu muss der Importeur nachweisen, dass die Produktionsvorschriften denen der EU-Verordnung entsprechen und die Lebensmittel auch von anerkannten Stellen kontrolliert worden sind. Der Verbraucher erkennt solche Produkte zum Beispiel an dem IFOAM Siegel, welches sich auf Bioprodukten, die außerhalb der EU erzeugt wurden, findet. Es bedeutet, dass die Produkte von einer durch die internationale Landesbauorganisation IFOAM zugelassene Kontrollstelle geprüft werden. Die Standards entsprechen in etwa denen der hiesigen Anbauverbände.

Generell sollten beim Bio-Einkauf jedoch immer Produkte aus der Region die erste Wahl sein, denn lange Transporte belasten die Umwelt mit Emissionen.

Faire Produkte für eine gerechte Welt

Neben Bio-Produkten aus aller Welt finden sich auch immer mehr so genannte Fair-Trade-Produkte, also fair gehandelte Produkte, in den Regalen von Naturkostläden, Weltläden und Supermärkten. Dazu gehören Bananen, Schokolade, Tee, Kaffee, Nüsse und vieles mehr. Doch Vorsicht: Diese Lebensmittel können Bio sein, müssen es aber nicht. Nur etwa 65 % aller angebotenen Ware entsprechen bisher der EU-Öko-Verordnung. Beim fairen Handel erhalten die Bauern in den Drittländern für ihre Produkte einen Erlös, der über dem Weltmarktpreis liegt. Durch langfristige Verträge, sichere Abnahmemengen und den direkten Einkauf bei den Erzeugern können die Produzenten ihr geringes Einkommen steigern. Zudem gibt es Beschäftigungsgarantien und Arbeitsschutzmaßnahmen. Kinderarbeit ist verboten. Kurzum – fairer Handel ist es wert, unterstützt zu werden, denn er passt genau zu den vier Prinzipien, die untrennbar zum Öko-Landbau gehören: Gesundheit, Umweltschutz, Fairness und Fürsorge.

13

Ist Bio-Kost besonders gesund?

Nach wie vor streiten Wissenschaftler darum, ob Bio-Gemüse tatsächlich einen höheren Gehalt an Vitaminen und Mineralstoffen hat. Beweisen konnten sie es bisher nicht, denn der Nährstoffgehalt hängt nicht ausschließlich von der bäuerlichen Anbaumethode ab. Ausschlaggebend ist vor allem das Wetter, der Boden, die Sorte und der Zeitpunkt der Ernte. Zudem macht die Luftverschmutzung auch vor dem Bio-Acker nicht halt, und Umweltgifte wie Blei und Cadmium lassen sich sowohl auf Bio-Gemüse und Bio-Obst als auch auf konventionell angebautem Obst und Gemüse nachweisen. Dennoch enthält Bioware deutlich weniger Rückstände an Pflanzenschutzmitteln und weniger schädliches Nitrat als konventionell angebautes Obst und Gemüse.

Qualität ist auch immer eine Frage der Frische. Schlecht und zu lange gelagerte Äpfel haben wenig Vitamine, auch wenn sie noch so natürlich angebaut sind. Frische, vollreif geerntete Äpfel vom Bio-Hofladen sind dagegen auf jeden Fall besser als unreif gepflückte, lange gelagerte Äpfel aus Übersee.

Über eines sind sich die Ernährungswissenschaftler aber einig: Der Gehalt an sekundären Pflanzstoffen bei biologisch angebautem Gemüse und Obst ist bis zu 50 % höher als bei konventionell angebauten Nahrungsmitteln. Und diese kleinen Multitalente sind nicht unbedeutend für unsere Ernährung, obwohl man das sehr lange angenommen hat. In der Natur regulieren sie das Wachstum bei Obst und Gemüse, locken durch Duftstoffe nützliche Insekten an oder wehren unerwünschte ab. Den menschlichen Körper schützen sie vor Infektionen durch Viren, Bakterien und Pilzen, stärken das Immun- und Herz-Kreislauf-System und gleichen den Blutzuckerspiegel aus.

Obst und Gemüse aus biologisch-kontrolliertem Anbau wachsen langsamer als konventionell angebautes. Dadurch können sich mehr Aromastoffe bilden. Hinzu kommt, dass der Wassergehalt bei Bio-Ware geringer ist, sodass die Geschmacksstoffe konzentrierter sind. Die Folge: Bio-Obst und Gemüse schmecken einfach besser. Zudem wurde beobachtet, dass manche Menschen zwar Bio-Äpfel und Bio-Kalbfleisch vertragen, auf die gleichen Nahrungsmittel aus herkömmlichem Anbau aber allergisch reagieren.

Wo Schnitzel noch nach Schnitzel schmeckt

Den Tieren auf den Biohöfen geht es gut, weil sich die Landwirte zu einer artgerechten Tierhaltung verpflichten. Sie fressen kein Tiermehl, sondern nur ökologisch produziertes Futter, das keine leistungsfördernden Mittel enthält. Und so produzieren sie Fleisch, das um ein Vielfaches intensiver, vollmundiger und natürlicher ist als das aus der Massentierhaltung. Durch die Bewegung der Tiere im Stall oder im Freien bilden sich feine Fettäderchen, die Schnitzel und Braten durchziehen und das Fleisch bei der Zubereitung schön saftig halten. Ob Salami oder Bratwurst, Leberwurst oder Mortadella – kommen sie aus Bio-Betrieben, bieten sie ursprünglichen Geschmack und zeigen sich farblich von ihrer natürlichen, besten Seite. Bio-Schlachter verzichten auf Konservierungsstoffe, Schinken wird gesalzen, Würste werden geräuchert, konserviert mit keimhemmenden Gewürzen wie Pfeffer und Bohnenkraut. Apropos Gewürze: In Bio-Wurstwaren stecken nur Zutaten in Bio-Qualität. Gewürze, Kräuter, Zwiebeln oder Gemüse müssen aus ökologischer Erzeugung sein.

Es gibt aber noch mehr Gründe, die für Bio-Kost sprechen:

• Rind- und Schweinefleisch aus Bio-Haltung enthalten mehr mehrfach ungesättigte Fettsäuren als übliches Fleisch.

• Öko-Eier aus Freilandhaltung haben mehr Karotin und Lezithin.

• Der Gehalt an gesunden Omega-3-Fettsäuren kann bei Bio-Milch sogar fast doppelt so hoch wie bei Milch aus Intensivhaltung sein.

• Bei der Herstellung von Brot, Käse, Wurst und Fertiggerichten wird möglichst auf Zusatzstoffe verzichtet. Synthetische Konservierungs- und Farbstoffe sowie Aromastoffe und Geschmacksverstärker sind absolut tabu.

Wer also etwas für seine Gesundheit tun will, hat mit Bioprodukten gute Aussichten auf Erfolg.

Ist Bio seinen Preis wert?

Bioprodukte sind um ein Drittel, oft sogar um das Doppelte teurer als konventionelle Lebensmittel. Dafür gibt es verschiedene Gründe: Ökologischer Landbau bedeutet mehr Arbeit für den Bauern. Durch den Verzicht auf chemisch-synthetische Pflanzenschutzmittel und Düngemittel sind die Erträge niedriger und das Risiko, einen Teil der Ernte einzubüßen, größer. Bio-Kühe geben bis zu 20 % weniger Milch, da sie kein Kraftfutter erhalten. Das alles muss über den Preis ausgeglichen werden – und dennoch lohnt der Kauf. Wer Bio kauft, tut sich und der Umwelt etwas Gutes: Ökolandbau schützt Boden, Wasser und Luft, fördert die Artenvielfalt und sorgt für die Vermehrung von Nützlingen und Vögeln. Und immer mehr Verbraucher sind bereit, dafür auch mehr Geld zu zahlen.

Wo bekommt man Bio-Produkte?

Ob Pesto oder Schokokuss, Tomatensauce oder Schokolade – das Angebot an Produkten aus ökologischem Anbau wird immer umfangreicher, und die Zahl der Anbieter nimmt ständig zu. Doch wo kauft man was am besten?

Direkt vom Hof des Bio-Bauerns sind vor allem Gemüse, Eier und heimisches Obst besonders frisch, weil sie ohne Umwege direkt vom Feld bzw. Baum oder Stall kommen und keine langen Transportwege benötigen. Für Familien macht der Einkauf dort doppelt Spaß, denn hier können die Kinder gleich vor Ort erfahren,

woher Milch, Käse und Wurst stammen. Immer mehr Bio-Bauern liefern auch nach Bestellungen über das Internet oder per Katalog. Absoluter Renner und immer bekannter ist das Gemüse-Abo. Dabei erhält der Kunde wöchentlich eine Kiste mit dem Gemüse der Saison. Viele Öko-Landwirte bieten aber auch auf den Wochenmärkten ihre Ware an.

Sozusagen Bio-Feinkostläden sind die Naturkost-Fachgeschäfte. Hier findet man Spezialitäten wie Pesto, Bio-Pralinen oder Bio-Champagner, sowie viele regionale Wurst- und Käseprodukte und zu allem eine ausgezeichnete Beratung. Bio-Supermärkte dagegen sind preisgünstiger und haben ein we-

sentlich größeres Angebot, auch an Fertiggerichten und Tiefkühlkost. Außerdem findet man viele Eigenmarken und Bio-Produkte aus dem Ausland. Die Preise für Obst und Gemüse sind hier am günstigsten.

Auch normale Supermärkte und Discounter steigen verstärkt in den Bio-Markt ein und versuchen, Naturkostläden und Bio-Supermärkte im Preis zu unterbieten. Schlussendlich gibt es noch die Reformhäuser, die ihr Bio-Angebot ausgeweitet haben. Neben Getreide und Müslis findet man Babykost, Gemüse und Wein. Für alle Märkte gilt jedoch eines: Es lohnt sich, die Preise zu vergleichen.

Bio – ganz praktisch

• Kaufen Sie am besten Obst und Gemüse der Saison ein. In der Haupterntezeit ist beides am günstigsten und am aromatischsten. Denken Sie daran, je kürzer der Weg vom Bauern zum Teller, desto besser ist das Ergebnis.
• Im Winter ist die Nitratbelastung bei von Natur aus nitratreichen Salat- und Gemüsesorten, wie Rauke (Rucola), Kopfsalat und Spinat, höher als im Sommer, denn die Stickstoffverbindung baut sich in der Pflanze bei Lichtmangel schlecht ab. Das gilt auch für Salate aus biologischem Anbau, auch wenn dort der Nitratgehalt grundsätzlich wesentlich geringer ist.

• Wenn Sie einmal keine frische Ware in der gewünschten Qualität oder außerhalb der Saison bekommen, greifen Sie auf Tiefkühlkost zurück. Von der Ernte bis zur Verarbeitung vergehen oft nur wenige Stunden. Das Gemüse wird nach dem Blanchieren sofort bei minus 40 °C und mehr schockgefroren. Dadurch können sich keine Mikroorganismen mehr bilden. Vitamine und Mineralstoffe bleiben besser erhalten als bei Frischgemüse, das oft schon lange Transportwege hinter sich hat. Es gibt übrigens auch Bio-Tiefkühlkost.

• Kräuter und Gewürze verleihen Speisen erst das geschmackliche i-Tüpfelchen und den richtigen Pfiff. Allerdings sollten Sie auch hierbei bedenken: Konventionelle Produkte sind zum Teil mit Schwermetallen oder Rückständen von Pestiziden belastet. Importierte Kräuter werden oft bestrahlt, damit sie während des langen Transports nicht keimen. Kräuter und Gewürze aus kontrolliertem Anbau werden dagegen schonend verarbeitet und chemiefrei gelagert. Bevorzugen Sie am besten heimische Gewürzkräuter oder solche, die aus dem Mittelmeerraum kommen. Verschiedene Kräuter wie Majoran, Petersilie, Schnittlauch oder Bohnenkraut lassen sich auch leicht in Blumenkästen auf dem Balkon oder am Küchenfenster ziehen.

Gemüse

Aromatische Wurzeln und Knollen, deftige Kohlköpfe, pralles Fruchtgemüse, saftige Zwiebelgewächse sowie feine Stängel und zarte Blätter – das Angebot an frischem Gemüse ist heute schier unerschöpflich. Doch denken Sie daran: Nur frisches Gemüse enthält die wertvollen Inhaltsstoffe. Bei längerer Lagerung, aber auch durch Waschen, Zerkleinern und Kochen werden Vitamine und Mineralstoffe zerstört. Einen Teil des Gemüses sollten Sie deshalb immer als Rohkost essen. Hier ein kleiner Überblick über die wichtigsten Sorten:

Artischocken sind die Blütenknospen einer distelähnlichen Pflanze, deren feinstes Stück der Blütenboden ist. Nur ganz junge Exemplare oder die kleinen, violettfarbenen Artischocken können roh im Salat gegessen werden. Große, dicke Artischocken müssen vor dem Verzehr gegart werden. Artischocken sollten Sie übrigens nie in Alutöpfen garen, da sie sich sonst dunkel verfärben. Frische Artischocken erkennen Sie an ihren knackigen, grünen Blättern. Im Gemüsefach des Kühlschranks bleiben sie 2-3 Tage frisch. Gekocht sollten sie innerhalb von 24 Stunden verbraucht werden.

Auberginen gehören zur Familie der Nachtschattengewächse und kommen ursprünglich aus Indien. Es gibt sie in den unterschiedlichsten Sorten und Farben, z.B. dunkelviolett und keulenförmig oder weiß und eiförmig. Aufgrund ihres Gehalts an Solanin sollten Auberginen niemals roh gegessen werden. Frische Exemplare erkennen Sie an einer prallen, festen, glatten Haut. In Papier eingewickelt halten sie sich im Gemüsefach des Kühlschranks etwa 1 Woche.

Blumenkohl ist, wenn er biologisch angebaut wird, das wohl bekömmlichste Mitglied der Kohlfamilie. Es gibt weiße, cremefarbene, aber auch grüne und violette Blumenkohlsorten, wobei die dunkleren kräftiger im Geschmack sind. Kaufen Sie Blumenkohl am besten immer mit Blattwerk, denn die Blätter schützen nicht nur die Röschen, sondern geben auch einen Hinweis auf die Frische.

Frischemerkmale sind ein saftiger Strunk und knackige Blätter. Im Gemüsefach des Kühlschranks oder im Keller hält sich frischer Blumenkohl 1-3 Tage. Vor dem Lagern sollten Sie die Blätter entfernen.

Bleich-, Stangen- oder Staudensellerie gibt es in zwei Varianten: mit hellen Stangen und hellem Laub und etwas zarteren Sellerie mit hellgrünen Stangen und dunkelgrünem Laub. Staudensellerie ist viel milder als die Knolle, und die Blätter lassen sich als Küchenkraut mitverwenden. Frischen Sellerie erkennen Sie an knackigen Stangen ohne trockene Schnittstellen oder Flecken. Im Gemüsefach des Kühlschranks (in Folie verpackt) hält sich Sellerie ca. 3 Tage.

Bohnen gibt es als Busch- und Stangenbohnen. Buschbohnen sind niedrigwachsend und zumeist fadenlos. Stangen- bzw. Kletterbohnen ranken in die Höhe und müssen vor der Verarbeitung abgefädelt werden. Bei beiden Sorten unterscheidet man weiterhin in Schnitt- und Brechbohnen. Schnittbohnen haben flache Schoten, dicke Kerne und einen harten Faden, Brechbohnen sind runder, zarter im Fleisch und fadenlos. Zu den Brechbohnen gehören auch die gelben Wachsbohnen. Kenia- oder Filetbohnen sowie die dünnen Haricots verts sind früh geerntete Buschbohnensorten. Prinzess- und Delikatessbohnen gehören zur Familie der Brechbohnen. Grüne Bohnen sollten Sie niemals roh essen. Sie enthalten den Giftstoff Phasin, der allerdings durch das Kochen zerstört wird. Dicke Bohnen, auch Puff-, Sau-, Acker- und Pferdebohnen genannt, gehören zur Familie der Wicken. Hier werden nur die Kerne verzehrt, die Hülsen sind ungenießbar.
Frische Bohnen haben ein knackiges Aussehen und keine braunen

Flecken. Im Gemüsefach des Kühlschranks bleiben sie ca. 3 Tage frisch.

Brokkoli, ein naher Verwandter des Blumenkohls, gibt es mit grünen, violettfarbenen, gelben und weißen Köpfen. Die festen Stiele sollten wie Spargel geschält und in Scheiben geschnitten werden, damit sie gleichzeitig mit den Röschen gar werden. Frischer Brokkoli überzeugt durch kräftiggrün gefärbte Blätter und blaugrüne Blütenknospen. Brokkoli bleibt in Folie verpackt im Kühlschrank ca. 1-2 Tage frisch.

Chicorée gibt es weiß und mit rot geränderten Blättern. Weißer Chicorée schmeckt roh im Salat, aber auch als gedünstetes oder geschmortes Gemüse. Roten Chicorée sollte man nicht kochen, da er sonst seine Farbe verliert. Weißen Chicorée hingegen sollten Sie niemals in eisernen

Töpfen zubereiten, da er sich sonst schwarz verfärbt.

Frischer Chicorée zeichnet sich durch fest geschlossene Stauden ohne braune Stellen aus. Im Gemüsefach des Kühlschranks hält er sich bis zu 8 Tage.

Chinakohl, auch Blätter- oder Pekingkohl genannt, hat je nach Sorte einen spitzen bis stumpfen Kopf mit gewellten Blättern und feinen bis breiten Blattrippen, die dicht übereinanderliegen. Er kann sowohl roh als auch gegart zubereitet werden und ist wegen seines Gehalts an Senfölen sehr bekömmlich. Frischer Chinakohl hat fest geschlossene Blätter und hält sich im Gemüsefach des Kühlschranks (am besten locker in Frischhaltefolie gewickelt) bis zu 10 Tage frisch.

Erbsen (Markerbsen) schmecken roh, gedünstet als Gemüse, in Suppen oder als Püree. Zucker-erbsen sind beson-ders

zarte Markerbsen. Sie schmecken blanchiert als Gemüsebeilage oder in Salaten. Frische Exemplare erkennen Sie an knackigen, fleckenlosen Schoten. Erbsen in der Schote halten sich im Kühlschrank (am besten im Folienbeutel) ca. 2 Tage.

Fenchel gibt es als frühe Sorten mit zarten, kleinen Knollen oder als späte Sorten mit kräftig-dicken, hellgrünen Knollen. Er kann roh oder gegart verzehrt werden, und die Blätter können als Küchenkraut verwendet werden. Frischer Fenchel hat saftige und fleckenlose Knollenblätter. Im Gemüsefach des Kühlschranks bleibt er, feucht gelagert, einige Tage frisch.

Grünkohl, auch Braunkohl genannt, schmeckt am besten, wenn er etwas Frost abbekommen hat. Außerdem wird der Kohl dadurch aromatischer und leichter verdaulich. Frischer Grünkohl hat feste, dunkelgrüne Blätter. Das Gemüse sollte nach dem Einkauf möglichst rasch verbraucht werden. Notfalls hält er sich kühl gelagert 2 Tage.

Gurken zählen zu den Kürbisgewächsen. Die langen Schlangen- oder Salatgurken sind ideal für Rohkost und Salate. Bei Bio-Gurken kann die Schale mitgegessen werden. Die aromatischen Schmorgurken, die von Juli bis September auf dem Markt sind, werden gedünstet oder geschmort. Frische Gurken sind prall und wenig elastisch. Im Keller halten sie sich bis zu 2 Wochen, im Kühlschrank nur 1-2 Tage. Gurken sollten Sie niemals mit Tomaten und reifem Obst lagern, da sie sonst rasch gelb werden.

Knollensellerie ist besonders zart und mild im Frühjahr. Da sich viele Selleriesorten nach dem Schälen oder beim Kochen dunkel verfärben, sollten Sie ihn entweder in mildem Essigwasser garen oder ihn roh mit Zitronensaft beträufeln. Kaufen Sie möglichst kleine, feste Knollen ohne Nebenwurzeln. Im Gemüsefach des Kühlschranks bleibt Knollensellerie bis zu 14 Tage frisch.

Kohlrabi gibt es mit weißer, gelbgrüner oder blauvioletter Schale, die sich geschmacklich jedoch nicht voneinander unterscheiden. Kaufen Sie die Knollen möglichst mit Blättern, dann darin stecken die meisten Vitamine. Die Blätter können in Streifen geschnitten und mitgegart werden. Frischer Kohlrabi hat saftig-grüne Blätter. Aufgeplatzte Knollen können

leicht holzig sein. Im Gemüsefach des Kühlschranks hält Kohlrabi sich ohne Laub etwa 2-3 Tage.

Kürbisse, ganz gleich ob Riesen- oder Gartenkürbisse, verbergen unter ihren harten, ungenießbaren Schalen (bis auf die Schale der Hokkaido-Kürbisse, die man essen kann) saftiges, gelb bis orangefarbenes Fleisch. Sie eignen sich ideal als Gemüse, für Suppen oder zum Einlegen. Die hübschen Blüten lassen sich füllen oder ausbacken, die zarten Blätter als Gemüse dünsten, die Kerne trocknen und roh oder geröstet knabbern. Kleine Kürbisse sind übrigens aromatischer als große. Frischer Kürbis hat eine glatte und harte Schale ohne Druckstellen und Risse. Ganze Kürbisse halten sich mehrere Wochen, angeschnittene 2-3 Tage.

Lauch (Porree) gehört zur Familie der Zwiebelgewächse. Von April bis in den Frühherbst gibt es den schlanken Frühjahrs- und Sommerporree mit hellgrünem Laub und zartem, mildem Geschmack. Der Winterporree ist dick, gedrungen und hat dunkelgrünes bis grünblaues Laub und ein herbes Aroma. Lauch aus biologischem Anbau ist besonders leicht verträglich. Achten Sie beim Einkauf auf unbeschädigte, frische und feste Blattspitzen. Stangen mit Schnittstellen faulen schnell. Im Gemüsefach des Kühlschranks oder im Keller bleibt Lauch bis zu 5 Tage frisch. Lauch sollten Sie niemals mit Äpfeln, Zitrusfrüchten, Blumenkohl, Beeren oder Birnen aufbewahren, da er sonst schnell welkt.

Mangold ist eine mit der Zuckerrübe und den Roten Beten verwandte Rübensorte, die leicht nussig schmeckt. Angeboten werden der zarte Blatt- oder Schnittmangold mit relativ kleinen, hellgrünen Blättern und fast keinen Stielen und der kräftig aromatische Rippenmangold mit dunkelgrünen, großen Blättern und breiten Stielen. Außerdem gibt es noch Mangold mit roten Stielen und dunkelroten Blättern. Mangoldblätter werden wie Spinat zubereitet. Die Stiele werden geschnitten oder gehackt und dann gedünstet. Beim Einkauf sollten Sie auf knackig feste Blätter und Stiele achten. Blattmangold sollten Sie nie länger als 2 Tage im Kühlschrank aufbewahren. Stielmangold hält sich bis zu 8 Tagen, wenn man ihn in feuchte Küchentücher einschlägt.

Möhren, auch Karotten, Mohrrüben, gelbe Rüben oder Wurzeln genannt, sind ein ausgesprochen vielseitiges Wurzelgemüse. Im Frühjahr werden die zarten Bundmöhren mit ihrem Grün angeboten, die sich hervorragend zum Rohessen eignen. Im Sommer und Herbst sind die länglichen, knackig-festen Waschmöhren ohne Grün auf dem Markt, und im Winter locken die dicken, herzhaften Lagermöhren. Kaufen Sie nur knacki-ge, unbeschädigte Möhren. Bundmöhren sollten rasch verbraucht werden. Sie halten sich im Gemüsefach des Kühlschranks ohne Grün nicht länger als 1 Woche. Herbst- und Wintermöhren lassen sich länger lagern.

Okras sind die dunkelgrünen Kapselfrüchte des Okrastrauchs. Sie schmecken herb-würzig bis leicht säuerlich und können roh oder gegart verzehrt werden. Beim Schmoren sondern die Okras einen milchigen Schleim ab, den nicht jeder mag. Brät oder frittiert man die Schoten, tritt kein Schleim aus. Frische Okras haben keine Flecken und halten sich im Folienbeutel im Kühlschrank 2-3 Tage.

Paprika ist ursprünglich ein südamerikanisches Fruchtgemüse. Rote Paprika ist voll ausgereift, schmeckt süßlich-mild und hat fast doppelt so viel Vitamin C wie die herbere, noch nicht ganz reife grüne Paprika. Gelbe und orangefarbene Schoten sind reifer als grüne, sehr saftig und aromatisch. Beim Gewürzpaprika handelt es sich um kleinere Paprikaschoten, die je nach Sorte und Anbaugebiet unterschiedlich scharf sind.

Dazu gehören die grünen und roten Peperoni und die scharfen Chilischoten. Frische Paprika erkennen Sie an der glänzenden, prallen Haut. Im Gemüsefach des Kühlschranks bleibt sie bis zu 2-3 Tage frisch.

Pastinaken sind ein aromatisch-würziges Wurzelgemüse, das sowohl roh als auch gegart verzehrt werden kann. Vor der Verwendung müssen die Wurzeln gut gewaschen und eventuell geschält werden. Achten Sie beim Einkauf auf Früchte mit straffer Haut. Im Kühlschrank bleiben Pastinaken ungefähr 1 Woche frisch.

Petersilienwurzeln sind kleine spindelförmige Wurzeln mit einem kräftigen, leicht süßlichen Geschmack. Sie werden überwiegend als Suppengewürz, oft mit Möhren und Sellerie, verwendet, schmecken aber auch als Gemüse sehr gut. Achten Sie auf feste Wurzeln ohne Flecken. Im Kühlschrank oder im Keller halten sie sich etwa 1 Woche.

Radieschen gehören zur Rettichfamilie. Es gibt sie in Rot, Weiß und Rotweiß. Alle Sorten enthalten reichlich Senföle, die für die Schärfe verantwortlich sind. Freilandware ist übrigens schärfer als Treibhausware. Frische Radieschen haben feste Blätter. In ein feuchtes Tuch gewickelt (ohne Laub) lassen sie sich im Kühlschrank einige Tage aufbewahren.

Rettich (Radi) gibt es in verschiedenen Sorten. Im Frühling hat der weiße oder rosafarbene, milde Mai-Rettich Saison, im Herbst der weiße Herbst-Rettich und von Oktober bis Februar der schwarze, sehr scharfe Winter-Rettich. Nur er muss geschält werden. Je nach Sorte sind die Wurzeln rund, oval, spindel- oder walzenförmig. Am besten schmeckt Rettich roh, da sich seine ätherischen Öle und somit seine Schärfe in gegartem Zustand schnell verflüchtigen. In ein feuchtes Tuch gewickelt bleibt Rettich im Gemüsefach des Kühlschranks einige Tage frisch.

Rhabarber gehört botanisch zum Gemüse, wird aber wie Obst zubereitet. Es gibt ihn mit roter Schale, grünem Fruchtfleisch und mildem Aroma, auch Himbeer-Rhabarber genannt, und mit roter Schale und rotem Fruchtfleisch als Blutrhabarber. Die Stiele eignen sich als Kompott oder Kuchenbelag, die Blätter als Salatgemüse. Rhabarber sollte möglichst rasch verbraucht werden.

Rosenkohl, auch Sprossenkohl genannt, hat je nach Sorte helle oder dunkelgrüne Röschen. Das Wintergemüse entwickelt seine Vorzüge erst nach dem ersten Frost - es wird dann aromatischer und leichter bekömmlich. Damit die Röschen gleichmäßig gar werden, schneidet man die Strünke unten kreuzförmig ein. Frischen Rosenkohl erkennen Sie an festen, geschlossenen Köpfen. Im Gemüsefach des Kühlschranks bleibt er maximal 2 Tage frisch.

Rote Bete (Rote Rübe, Rande) hat ein süß-säuerliches Aroma und schmeckt roh oder gekocht. Vorsicht bei der Zubereitung: Der austretende rote Saft kann an den Händen hartnäckige Flecken hinterlassen. Garen Sie deshalb die Knollen am besten ungeschält und ziehen Sie erst danach die Haut ab (Hände mit Küchenhandschuhen schützen). Kleine Knollen sind übrigens zarter als große. Im Keller oder im Gemüsefach des Kühlschranks bleiben sie einige Tage frisch.

Rotkohl, auch Blaukraut genannt, wird das ganze Jahr über angeboten. Die blauvioletten Kohlköpfe, die schon im Frühsommer reifen, eignen sich besonders gut für Salate. Von November bis März wird dann der Herbstkohl geerntet. Achten Sie beim Einkauf auf pralle Köpfe mit fester Oberfläche. Im Keller hält sich der Kohl bis zu 2 Monate, im Kühlschrank ca. 10 Tage.

Rüben gibt es in verschiedenen Sorten. Mairüben oder Navetten schmecken ein bisschen wie Rettich und eignen sich auch zum Roh-

essen. Die gelben Teltower Rübchen sind besonders zart. Steckrüben, auch Kohlrüben oder Wrunken genannt, haben ein würziges, leicht süßliches Aroma. Kleine Rüben sind seltener holzig als große. Im Keller oder Kühlschrank können sie bis zu 1 Woche aufbewahrt werden.

Schwarzwurzeln erinnern im Geschmack an Spargel. Die etwa 20-30 cm langen, festen weißen Wurzeln mit schwarzbrauner Haut schmecken roh oder gekocht. Sie müssen vor dem Garen unter fließendem Wasser abgebürstet und dann, am besten mit einem Sparschäler, geschält werden. Da der dabei austretende Saft die Hände schnell verfärbt, sollten Sie Handschuhe tragen. Die geschälten Wurzeln sofort in Essigwasser legen, damit sie nicht braun werden. Kaufen Sie dicke, glatte und vor allem unverletzte Stangen. Im Gemüsefach bleiben Schwarzwurzeln ca. 3 Tage frisch.

Spargel gibt es in drei Sorten. Der milde weiße Spargel wird gestochen, bevor er die Erde durchbricht, der würzigere, violettfarbene Spargel erst, wenn die Köpfe die Erde gerade durchstoßen haben. Grüner Spargel schmeckt kräftig und wird nur am unteren Drittel geschält. Achten Sie auf feste, gerade Stangen mit frischer Schnittfläche. Spargel sollte nur ungeschält gelagert werden, und zwar maximal 3 Tage, wenn man ihn in ein feuchtes Tuch einwickelt.

Spinat gibt es als zarten Frühlingsspinat mit sehr feinen Blättern (ideal für Salate), als aromatischen Sommerspinat und als groben Winterspinat mit relativ stark gewellten Blättern. Werden nur die einzelnen Blätter angeboten, spricht man von Blattspinat. Sticht man ihn mit Wurzeln aus, nennt man ihn Wurzelspinat. Im Folienbeutel hält er sich im Kühlschrank etwa 2 Tage.

Spitzkohl gilt als „Edelmann" unter den Kohlsorten, denn seine Blätter sind ungleich zarter als die des Weißkohls. Spitzkohl wächst spitz und kegelförmig in die Höhe, und seine großflächigen, bläulichgrünen Blätter umhüllen den Kohlkegel wie ein Cape. Der ein bisschen nach Wirsing und Blumenkohl, aber auch ein bisschen nach Nüssen schmeckende Kohl ist nicht lange lagerfähig. Bereiten Sie ihn deshalb am besten gleich nach dem Kauf zu. Spitzkohl kann auch ideal als Rohkost verzehrt werden, wenn er frisch ist, d.h. eine pralle und glatte Oberfläche besitzt.

Tomaten gibt es in einer Fülle von Sorten, z.B. die klassischen runden Tomaten und die kleinen Kirschtomaten, auch Cherry- oder Cocktailtomaten genannt. Flaschen- bzw. Eiertomaten haben eine längliche Form und festes, aromatisches Fruchtfleisch. Strauchtomaten zeichnen sich durch ein besonders intensives Aroma aus. Bis zu 500 g schwer kann die Fleischtomate werden. Auch farblich können Tomaten erstaunliche Varianten aufweisen und ausgereift gelb bis fast schwarz sein. Tomaten gehören nicht in den Kühlschrank. Nehmen Sie Tomaten nach dem Einkauf aus der Tüte und lagern Sie sie an einem kühlen, trockenen Platz.

Topinambur (Erdartischocke) ist ein süßlich, leicht nussartig schmeckendes Wurzelgemüse, das mit der Sonnenblume verwandt ist. Es gibt Sorten mit violetter oder bräunlicher Farbe, das Fruchtfleisch ist jedoch bei allen Sorten weiß bis cremefarben. Tobinambur schmeckt roh, gebraten, gedünstet, gratiniert und frittiert und bleibt im Gemüsefach etwa 2-3 Tage frisch.

Weißkohl gibt es mit runden und mit spitzen Köpfen, besonders zart sind die kleinen Köpfe aus früher Ernte. Gehobelter Weißkohl wird eingesalzen und zu Sauerkraut verarbeitet. Frischer Kohl hat einen festen, geschlossenen, hellgrünen Kopf. Im kühlen Keller hält er sich bis zu 2 Monate, im Gemüsefach des Kühlschranks ca. 1 Woche.

Wirsing ist der krausblättrige Verwandte des Weißkohls. Er wird auch Welsch- oder Savoyerkohl genannt. Ab Ende Mai wird der hellgrüne Frühwirsing geerntet, der besonders zart und aromatisch schmeckt. Herbstwirsing dagegen ist dunkelgrün oder gelblich und hat einen intensiveren Kohlgeschmack. Wirsing ist nicht ganz so robust wie Weißkohl und hält sich höchstens 2 Tage an einem kühlen Ort.

Zucchini, auch Courgettes genannt, gehören zur Familie der Kürbisse. Ihr weißes bis hellgrünes Fruchtfleisch ähnelt dem der Gurke, hat jedoch ein zartes, nussartiges Aroma. Angeboten werden neben den grünen und grün gesprenkelten Sorten auch gelbe Züchtungen. Das Gemüse schmeckt roh, gedünstet, geschmort und gebraten. Auch die Blüten sind gefüllt oder frittiert eine Delikatesse. Zucchini sollten Sie nicht schälen, da das meiste Aroma unter der Schale steckt. Achten Sie beim Einkauf auf feste Früchte ohne Druckstellen. Kleine Früchte sind zarter als große Exemplare. Im Gemüsefach bleiben sie 4-5 Tage frisch.

Zuckermais gehört botanisch zu den Getreidearten. Die frischen Kolben mit ihren zuckersüßen Körnern haben jedoch ihren festen Platz im Gemüseregal. Vom frischen Mais werden zunächst die Blätter und die Fäden entfernt. Danach schneidet man beide Enden ab und löst die Körner mit einem scharfen Messer ab. Im Kühlschrank hält sich Mais etwa 3 Tage.

Zwiebeln gehören zur Familie der Liliengewächse. Die mittelgroße, braune Speisezwiebel ist die bekannteste Sorte. Rote Zwiebeln eignen sich sehr gut für Salate, sind jedoch, wie auch Frühlings- und Lauchzwiebeln, nicht lange lagerfähig. Über 200 g schwer werden Gemüsezwiebeln. Die dicken Knollen sind ausgesprochen saftig und eignen sich hervorragend zum Füllen. Schalotten sind eine kleine und milde Zwiebelart und haben eine glänzende, silbergraue bis rötliche Haut. Perl- bzw. Silberzwiebeln verwendet man zum Einlegen. Bis auf die Frühlingszwiebeln sind alle Zwiebelsorten an einem kühlen, dunklen und trockenen Ort lange lagerfähig.

Salate

Wer auf gesunde Ernährung Wert legt, kommt am Salat nicht vorbei, denn frischer Salat ist nicht nur vitaminreich, sondern auch äußerst vielseitig. Salat sollte immer im Kühlschrank gelagert werden. Verpacken Sie ihn dazu in einen Folienbeutel, oder wickeln Sie ihn in Frischhaltefolie oder feuchte Tücher. Hier die wichtigsten Sorten in Kurzportraits:

Bataviasalat hat gelblichgrüne Blätter mit rotgefärbten Rändern. Der Salatkopf kann flach oder rund sein. Frische Exemplare erkennen Sie an glatten Außenblättern und einem geschlossenen Herz. Bataviasalat können Sie 2-3 Tage lagern.

Eichblattsalat schmeckt leicht nussig und verdankt seinen Namen der Blattform, die an Eichenlaub erinnert. Es gibt rötliche und grünliche Sorten. Kleine Köpfe sind zarter als große und sollten feste, glatte Blätter haben. Eichblattsalat sollte maximal 1 Tag im Gemüsefach des Kühlschranks aufbewahrt werden.

Eisbergsalat, auch Krach- oder Eissalat genannt, hat einen runden Kopf mit festen, hell- oder dunkelgrünen Blättern und wiegt ca. 800 g. Er schmeckt knackig, saftig und etwas herzhafter als Kopfsalat. Beim Einkauf sollten Sie auf einen festen Kopf und einen frischen Strunk achten. Eisbergsalat hält sich bis zu 5 Tage.

Endiviensalat, auch unter dem Namen Eskariol bekannt, sieht aus wie eine große, platte Rosette mit breiten, gezahnten Blättern, die leicht bitter schmecken. Achten Sie beim Einkauf auf dunkelgrüne Außenblätter und ein hellgelbes Herz. Sogar angeschnitten hält sich Endiviensalat einige Tage.

Feldsalat wird auch Rapunzel oder Ackersalat genannt. Die Blätter schmecken herb und leicht nussig. Feldsalat wird mit und ohne Wurzeln angeboten. Da er meist sehr sandig ist, muss er vor der Zubereitung gründlich geputzt, gewaschen und danach gründlich geschleudert werden. Er hält sich maximal 2 Tage.

Friséesalat ist der krause Bruder des Endiviensalats. Seine sehr feingliedrigen Blätter sind innen gelb und außen grün und schmecken würzig-herb bis leicht bitter. Er darf keine braunen Blätter haben und hält sich nur 1 Tag.

Kopfsalat (grüner Salat, Blattsalat) hat außen grüne Blätter und ein fest zusammengepresstes, grüngelbes Herz. Frische Exemplare haben knackige Blätter und geschlossene Köpfe. Der Strunk sollte weiß sein. Kopfsalat hält sich ca. 1 Tag.

Lollo Rosso und Lollo Bianco sehen aus wie krauser Kopfsalat. Der Rosso hat knackige Blätter mit dunkelroten bis violettfarbenen Blatträndern, der Bianco hellgelb bis hellgrüne Blätter. Beide Sorten schmecken herbwürzig und leicht nussig und sind 1-2 Tage lagerfähig.

Löwenzahn wird in zwei Sorten angeboten: grün und gelblichweiß. Die grüne Sorte hat feste, harte Blätter und schmeckt würzig bis zartbitter. Es gibt sie aus dem Anbau oder in freier Natur. Kultivierter Löwenzahn ist milder als der gesammelte. Gelbweißer Löwenzahn ist milder als grüner. Frischen Löwenzahn erkennen Sie an feuchten Schnittstellen, aus denen auf Druck eine weißliche Milch austritt. Die Blätter sollten nicht braun sein. Löwenzahn sollte möglichst erntefrisch verzehrt werden.

Mesclum (Mischsalat) ist, je nach Saison, eine Mischung aus Endivie, Eichblatt, Löwenzahn, Kopfsalat, Rauke, Kresse und Kerbel. Er hält sich einige Tage.

Radicchio ist ein enger Verwandter der Endivie und des Chicorées. Die faustgroßen, festen, rot-weißen Köpfe schmecken herb-bitter und halten sich mehrere Tage.

Rauke (Rucola, Roquette) ähnelt im Aussehen den Löwenzahn- oder Radieschenblättern. Die festen, dunkelgrünen bis rötli-chen Blätter haben einen kräftig nussigen, fast scharfen Ge-schmack. Rauke sollten Sie mög-lichst rasch nach dem Einkauf verbrauchen.

Römischer Salat, auch Romana, Bindesalat oder Sommerendivie genannt, hat einen lang gezoge-nen, lockeren Kopf mit aufrecht stehenden Blättern. Je nach Sorte ist er hell- oder dunkelgrün, hin und wieder auch dunkelrot. Er lässt sich 3-4 Tage lagern.

Sauerampfer wächst nicht nur in freier Natur, er wird inzwischen auch kultiviert. Die großen, safti-gen Blätter sind grasgrün und pfeilförmig und schmecken leicht säuerlich. Sauerampfer sollten Sie möglichst rasch verbrauchen.

Schnitt- oder Pflücksalat ist eine Mischung verschiedener Blatt-salate, die ohne Wurzeln und meist gewaschen auf den Markt kommen. Sie sollten ihn möglichst am Tag des Einkaufs verbrauchen.

Pilze

Aromatische Wald- und Wiesenpilze reagieren äußerst empfindlich auf Umwelteinflüsse und machen sich deshalb rar. Dafür wächst das Angebot an verschiedenen Zucht- oder Kulturpilzen – auch aus dem biologischen Anbau. Pilze schmecken am besten frisch, deshalb sollten Sie sie möglichst noch am Tag des Einkaufs zubereiten. Zur Not lassen sie sich im Gemüsefach des Kühlschranks ca. 2 Tage lagern.

Austernpilze (Austernseitlinge) werden auf unbehandeltem Stroh oder Holz kultiviert. Die fleischigen 5-15 cm großen Hüte ähneln in der Form einer Auster, daher ihr Name. Das Fleisch ist sehr fest und schmeckt kräftig nach Waldpilzen.

Champignons (Egerlinge) gibt es mit weißer, brauner oder rosafarbener Kappe, wobei aus ökologischer Hofwirtschaft meistens nur weiße Pilze kommen. Der braune Champignon ist aromatischer und weniger druckempfindlich als

sein weißer Bruder. Sein Geschmack ähnelt dem von Waldpilzen. Außerdem gibt es noch Riesenchampignons, die sich gut zum Füllen eignen.

Shiitakepilze, auch Tongu- oder Chinapilze genannt, haben einen hell- bis dunkelbraunen Hut. Die Lamellen sind weiß und weisen häufig rotbraune Flecken auf. Die Pilze haben ein festes, aromatisches Fleisch. Man kann sie auch sehr gut trocknen und dann als Würze gebrauchen.

Sprossen und Keimlinge

Ob nun als Rohkost, im Salat, als Würze oder als Gemüse im Wok – Sprossen und Keimlinge sind ein hochwertiges Nahrungsmittel, das man aus Samen, Getreide und Hülsenfrüchten fertig gekeimt kaufen oder auch preiswert selbst ziehen kann (siehe Anleitung unten). Die kleinen Samenkörner haben es wirklich in sich. Während des Keimprozesses verändern sich die Inhaltsstoffe, der Gehalt an Vitaminen, Eiweiß und mehrfach ungesättigten Fettsäuren steigt. Außerdem liefern Sprossen und Keimlinge reichlich Ballaststoffe und Mineralstoffe wie Kalzium, Kalium, Magnesium, Phosphor und Eisen.

Adzukibohnensprossen werden aus den braunen Adzukibohnen gezogen. Sie schmecken süßlich, leicht nussartig und sind ideal für Salate, Suppen, Aufläufe, asiatische Gerichte und Füllungen.

Alfalfasprossen sind die Sprossen der Luzerne, einer Kleeart. Sie ähneln im Geschmack der Gartenkresse und sind ideal für Salate, Saucen und Suppen.

Kichererbsensprossen haben einen leichten Erbsengeschmack. Da sie schwer verdaulich sind, sollte man sie am besten gedünstet genießen. Kichererbsensprossen eignen sich besonders für Gemüsepfannen.

Kressesprossen werden aus den Samen der Gartenkresse gezogen. Sie schmecken frisch, scharfwürzig und sind ideal für Salate, Suppen, Gemüsegerichte oder als Brotbelag.

Linsensprossen haben einen süßen, leicht nussigen Geschmack

und eignen sich besonders für Salate, Dips oder als Rohkost.

Mungosprossen schmecken knackig-frisch wie junge Erbsen. Sie schmecken besonders gut in Salaten, als Rohkost oder Brotbelag.

Radieschensprossen sind die gekeimte Radieschensaat. Sie schmecken scharf-würzig und passen zu Salat und Eiergerichten sowie als Rohkost oder Brotbelag.

Sojabohnensprossen werden aus den grünen Sojabohnen gezogen. Ihr Geschmack ist knackig-frisch und sie finden Einsatz in Salaten, Suppen und Reisgerichten.

Sonnenblumensprossen sind die gekeimten Kerne der Sonnenblume. Sie schmecken nussartig und verfeinern Obstsalate und Müslis.

Weizensprossen werden aus Weizenkörnern gezogen. Sie schmecken leicht süßlich und sind ideal für Salate, Müslis und Rohkost.

Sprossen – selbstgezogen

Am einfachsten lassen sich Sprossen in einem Einmachglas ziehen. Man füllt die gewünschte Samenmenge ein, bedeckt sie mit lauwarmem Wasser und verschließt das Glas mit einem Mulltuch luftdurchlässig. Nach der – je nach Samenart unterschiedlichen – Einweichzeit gießt man das Wasser wieder ab, spült mehrmals durch und füllt frisches Wasser ein. Nach 10 Minuten gießt man das Wasser erneut ab und lässt die Samen gut abtropfen. Sie sollten feucht, aber nicht nass sein, da sie sonst schimmeln. An einem warmen, hellen Ort lässt man die Samen nun keimen. Nach ein paar Tagen können die Sprossen geerntet werden. Im Fachhandel gibt es aber auch spezielle Keimgeräte.

Praktische Tipps
• Frisch schmecken Sprossen am besten. Im Folienbeutel oder in einem verschlossenen Gefäß halten sie sich im Kühlschrank jedoch bis zu 4 Tage.

• Sprossen aus Hülsenfrüchten sollten vor der Verwendung immer kurz blanchiert werden.

• Sprossen immer nur kurz erwärmen, damit die wertvollen Vitamine und Mineralstoffe nicht verloren gehen. An heiße Gerichte sollte man sie erst zum Schluss geben, damit sie knackig bleiben.

Obst

Obst ist ein wichtiger Baustein in der vollwertigen Ernährung. Es enthält, wie auch Gemüse, wenig Kalorien, dafür aber reichlich Fruchtsäuren, Mineralstoffe, Vitamine und Ballaststoffe. Obendrein ist es vielseitig und kann zu jeder Tageszeit frisch gegessen werden. Nachfolgend ein Überblick über die bekanntesten Sorten aus dem Bio-Handel:

Kernobst
Äpfel, Birnen und Quitten bilden die Kernobst-Familie, da sie ein Samengehäuse mit kleinen Kernen besitzen. Sie sind reich an Vitalstoffen, die sich allerdings erst entwickeln können, wenn die Früchte reif gepflückt werden.

Äpfel gehören zu den beliebtesten Obstsorten überhaupt. Bei uns schätzt man vor allem die Sorten Golden Delicious, Cox Orange, Boskop, Jonagold und James Grieve. Im ökologischen Anbau kommen aber auch die alten Sorten wie Goldparmäne und Gravensteiner wieder zu Ehren. Kühl und bei hoher Luftfeuchtigkeit gelagert halten sich Äpfel mehrere Monate lang.

Birnen übertreffen, was den Mineralstoffgehalt angeht, sogar die Äpfel. Sie sind zudem das fruchtsäureärmste Obst überhaupt. Die meist sehr saftigen Sorten sind aber nicht lange lagerfähig. Zu den bekanntesten Sorten gehören Williams Christ, Gellerts Butterbirne, Abate Fetel und Claps Liebling.

Quitten unterscheidet man in längliche Birnenquitten und runde Apfelquitten. Im Geschmack sind beide gleich. Quitten sind erst nach dem Kochen genießbar.

Beerenobst
Kultivierte und wild wachsende Beeren halten sich in der Regel nur kurze Zeit. Sie sollten zu Hause sofort in den Kühlschrank gestellt werden. Beeren, die man roh essen kann, lassen sich auch sehr gut einfrieren.

Brombeeren wachsen wild, werden aber auch kultiviert. Dann sind sie zwar größer, aber nicht so aromatisch wie ihre wilden Verwandten. Brombeeren sollten Sie niemals waschen, sondern nur verlesen.

Erdbeeren sind besonders druckempfindlich und sollten nur behutsam und ganz kurz gewaschen werden. Je kleiner und reifer die Früchte, desto aromatischer sind sie.

Heidelbeeren, auch Blau- oder Schwarzbeeren genannt, gibt es in zwei Sorten: Die wilden, kleinen Waldblaubeeren haben ein würziges Aroma und einen blaufärbenden Saft. Die in Plantagen gezüchteten, fast kirschgroßen Früchte haben weißes Fleisch und sind milder im Geschmack.

Himbeeren
unterscheidet man in die kleinen, süßen Waldhimbeeren und die größeren Gartenhimbeeren. Beide sind sehr druckempfindlich.

Johannisbeeren können rot, schwarz oder weiß sein. Insbesondere die roten Sorten besitzen

ein kräftig aromatisches und säuerliches Aroma. Weiße Johannisbeeren sind milder, schwarze meist recht säurearm und relativ süß.

Preiselbeeren (Kronsbeeren) gibt es als kleine, wild wachsende und als größere, kultivierte Früchte. Die leuchtend roten Beeren schmecken roh säuerlich. Erst gekocht entwickeln sie ihren herben Geschmack. Die amerikanische Preiselbeere (Cranberry) schmeckt milder als die heimische.

Stachelbeeren können je nach Sorte grün, goldgelb oder rot sowie glatt oder leicht behaart sein. Die roten eignen sich am besten zum Rohessen, die grünen für Kompott.

Weintrauben werden als grüne, blaue und gelbe Tafeltrauben angeboten. Außerdem gibt es weiße und blaue Muskattrauben sowie Datteltrauben mit großen Beeren und fester Schale.

Steinobst

Durch seine vielen Vitamine und Mineralstoffe ist Steinobst sehr gesund. Manche Früchte enthalten so viel Eisen, dass einige wenige schon den Tagesbedarf decken.

Aprikosen haben ein feines, säuerliches Aroma und festes, manchmal etwas mehliges Fruchtfleisch.

Kirschen unterteilt man in Süßkirschen und Sauerkirschen. Zu den Süßen gehören die festfleischigen Knorpelkirschen und die weichen, länglichen Herzkirschen. Die bekannteste Sauerkirsche ist die dunkelrote Schattenmorelle.

Mirabellen schmecken würzig und sehr süß. Die kugeligen bis kugelig-ovalen Steinfrüchte haben eine gelbgrüne Haut und ein gelbes, saftiges Fruchtfleisch.

Nektarinen sind eine Kreuzung aus Pfirsich und Pflaume, haben eine glatte, unbehaarte Haut und meistens festeres Fruchtfleisch als Pfirsiche.

Pfirsiche gibt es mit weißem, gelbem und rotem Fruchtfleisch. Sie haben eine samtig behaarte Haut.

Pflaumen sind rundliche, rotbraune oder blaue Früchte mit gelblichem, sehr saftigem Fleisch.

Renekloden (Reineclauden) sind je nach Sorten grün, gelb, oder rot. Sie schmecken würzig-aromatisch, oft ausgesprochen süß und saftig.

Zwetschgen sind im Gegensatz zu Pflaumen eher länglich. Zudem löst sich ihr Fruchtfleisch leichter vom Stein. Sie sind ideal zum Kochen und Backen.

Zitrusfrüchte

Sie werden in allen tropischen und subtropischen Regionen sowie im Mittelmeerraum angebaut und bringen Abwechslung, Frische und vor allem Vitamin C in die kalten Wintermonate. Zitrusfrüchte sollten Sie nie in den Kühlschrank legen, sondern immer bei Zimmertemperatur lagern.

Grapefruits sind eine Kreuzung zwischen Pampelmuse und Orange. Es gibt Sorten mit gelb-grünlichem und mit rosafarbenem Fruchtfleisch. Die hellen schmecken säuerlich-bitter, die rosafarbenen sind wesentlich milder.

Kumquats, auch Zwergorangen genannt, sind etwa pflaumengroß und haben eine dünne Schale, die mitgegessen werden kann. Die säuerlich-würzigen Früchte eignen sich vor allem für Kompott und Konfitüren.

Limetten (Limonen) sind kleiner, milder und wesentlich aromatischer als Zitronen und zeichnen sich durch ihre grüne Schale aus.

Mandarinen sind kleine, leicht schälbare Zitrusfrüchte, die oft aber viele kleine Kerne haben. Die bekannteste Mandarinenart ist die saftig-süße, mild-aromatische Satsuma.

Orangen (Apfelsinen) gibt es in verschiedenen Sorten. Die bekanntesten sind die saftig-süßen, kernlosen Navels, die länglichen, aromatischen Shamoutis und die dünnschaligen Valencia Lates. Blutorangen haben hell- bis dunkelrotes Fruchtfleisch und sind ausgesprochen saftig. Sie lassen sich aber sehr schwer schälen.

Pomelos können bis zu 2,5 kg schwer werden. Die Verwandten der Grapefruit haben eine dicke Schale, die sich sehr gut kandieren lässt.

Zitronen sind im reifen Zustand besonders saft- und säurereich, haben jedoch viele Kerne.

Exotische Früchte

Immer mehr Früchte aus Ländern mit tropischem und subtropischem Klima werden auch in Bio-Qualität angeboten.

Ananas verströmt, wenn sie reif ist, einen intensiven Duft. Außerdem gibt die Schale bei reifen Früchten auf leichten Druck nach. Die Blättchen, die aus den Augen ragen, sollten braun gefärbt sein. Da Ananas das eiweißspaltende Enzym Bromelin enthält, sollte das rohe Fruchtfleisch nicht zusammen mit Gelatine und Milchprodukten verarbeitet werden. Erhitzt man die Frucht jedoch, verliert das Enzym seine Wirkung.

Avocados sind je nach Sorte birnen- oder apfelförmig, hell- oder dunkelgrün und manchmal sogar schwarz. Sie haben ein mildes, zart-cremiges Nussaroma. Reife Früchte geben auf leichten Fingerdruck nach. Nicht ganz reife Früchte kann man zu Hause, in Zeitungspapier gehüllt, nachreifen lassen. Im Kühlschrank auf-

bewahrt bleiben sie bis zu 3 Tage frisch.

Bananen sind aromatisch und reif, wenn die Schale sattgelb ist und kleine braune Flecken oder Streifen aufweist. Neben Obstbananen gibt es auch noch die fingergroßen Babybananen und die mehligen Kochbananen, die man allerdings nicht roh essen kann. Achten Sie bei Bananen unbedingt auf das Öko-Siegel.

Cherimoyas sehen aus wie Riesenerdbeeren mit ledriger, schuppiger Schale. Das cremigweiße Fruchtfleisch hat viele kleine schwarze Kerne und erinnert im Geschmack ein bisschen an Erdbeeren mit Zimt und Sahne.

Feigen sind je nach Sorte dunkelgrün, gelbgrün oder grünviolett. Das Fruchtfleisch schmeckt süß

und die Schale kann man mitessen. Die Früchte sind vollreif, wenn sie sich weich anfühlen.

Granatäpfel sind fast so groß wie eine Orange und gelb bis rot. Das geleeartige, süß-säuerliche Fruchtfleisch wird zusammen mit den vielen kleinen weißen Kernen ausgelöffelt oder mit einer Zitronenpresse ausgepresst.

Guaven erinnern in der Form an Birnen. Sie haben eine glatte, grüne bis gelbliche Schale. Es gibt Sorten mit grünlich-weißem sowie rotem Fruchtfleisch. Im Geschmack erinnern sie an eine Mischung aus Feige, Birne und Quitte. Die Früchte werden dünn geschält, die Kerne entfernt.

Kakis, auch Chinesische Dattelpflaumen genannt, haben einen birnen- bis aprikosenähnlichen

33

Geschmack. Die tomatengroßen süßen Früchte schmecken am besten, wenn sie fast überreif sind. Dann schimmert das weiche, geleeartige Fruchtfleisch durch die orangefarbene Schale.

Kaktusfeigen (Opuntia) sind birnengroße, gelbrötliche Fruchte. Viele Sorten haben auf den Schalen haarfeine Dornen und Widerhaken. Deshalb sollte man beim Schälen Handschuhe tragen. Die süßen, aromatischen Früchte löffelt man am besten aus.

Kapstachelbeeren (Physalis) sind von einer hauchdünnen, lampionartigen Hülle umgeben. Die vitaminreichen, kirschgroßen gelblichen Früchte schmecken süßsäuerlich.

Karambolen (Sternfrüchte) können mit Schale gegessen werden. Meist wird die säuerlich schmeckende, vitaminreiche Frucht in sternförmige Scheiben geschnitten.

Kiwis haben einen beerig-frischen, süß-säuerlichen Geschmack. Die braunen Früchte mit der dünnen, haarigen Haut und dem grünen Fruchtfleisch sind reif, wenn sie auf leichten Druck nachgeben. Wie die Ananas enthalten auch sie ein eiweißspaltendes Enzym. Daher sollten sie niemals zusammen mit Gelatine oder Milchprodukten verarbeitet werden.

Litschis sind taubeneigroß, rund bis oval und haben eine rosafarbene, genoppte Schale. Sie schmecken süß und haben ein leichtes Muskataroma.

Mangos haben je nach Sorte eine grüne, rote oder gelbe Schale und ein saftiges, leicht faseriges Fruchtfleisch mit einem großen

Kern. Je reifer die Früchte, desto vielfarbiger ist die Schale und umso aromatischer duften sie. Mangos sollten immer kühl verwendet werden, sie schmecken sonst leicht nach Terpentin.

Maracujas (Passionsfrüchte) besitzen unter ihrer ledrigen Schale ein geleeartiges, säuerlich-aromatisches Fruchtfleisch mit vielen Kernen. Es gibt tief violette und gelbe Früchte. Die gelben werden meist zu Saft verarbeitet. Am besten löffelt man das Fruchtfleisch direkt aus der Schale.

Melonen gehören eigentlich zum Gemüse, da sie mit dem Kürbis verwandt sind, werden aber bei uns fast ausschließlich als Obst zubereitet. Man unterscheidet zwischen Zucker- und Wassermelonen. Zu den Zuckermelonen gehören die gelbe, ovale Honigmelone mit einem zartgrünen, honigsüßem Fruchtfleisch. Die Netzmelone hat eine grüne Schale, die mit weißen Netzen überzogen ist und aprikosenfarbenes Fruchtfleisch. Die Kantalupmelone (Cantaloupe) ist fast rund und hat eine raue Schale, grüngelbe Rippen und oft auch kleine Warzen. Die Ogenmelone ist eine Kreuzung aus Netz- und Kantalupmelone. Die runde, gelbe Frucht mit ihren weißen Streifen hat, wie auch die Galiamelone, grünes, sehr aromatisches Fruchtfleisch. Wassermelonen können ein Gewicht von bis zu 15 Kilo haben. Klingt die Frucht hohl, wenn Sie daran klopfen, ist sie frisch.

Mispeln erinnern im Geschmack an Aprikosen, sind jedoch wesentlich kleiner. Die orangefarbenen, etwas säuerlich schmeckenden Früchte mit ihrem braunen Kern enthalten viel Betacarotin.

Papayas sind eiförmige Früchte mit zuerst grüner, dann grünlich-gelber, ledriger Haut. Das sehr süße, vitaminreiche Fruchtfleisch enthält viele ungenießbare Kerne, die man nach dem Halbieren der Frucht mit einem Löffel herauskratzen kann. Papayas sind reif, wenn die Schale auf leichten Druck nachgibt. Rohe Früchte enthalten das eiweißspaltende Papain und sollten daher nicht zusammen mit Milchprodukten und Gelatine verarbeitet werden.

Trockenfrüchte

Wird frisches Obst so weit getrocknet, dass es nur noch 10-25 % Wasser enthält, entsteht ein köstliches, kalorienreiches Konzentrat aus Fruchtzucker – auch Trocken- oder Dörrobst genannt. Herkömmliche Trockenfrüchte sind mit Schwefeldioxid und chemischen Giften behandelt. Bei Früchten aus biologischem Anbau ist das nicht erlaubt. Stattdessen setzt man heute oft Kälte ein, um durch eine kurze Schockgefrierung die Eier der Schädlinge abzutöten. Es empfiehlt sich auch, Trockenfrüchte zu Hause kühl zu lagern. Zu den bekanntesten Sorten gehören Ananas, Apfel, Aprikose, Banane, Birne, Pfirsich und Pflaume. Aber auch Datteln und Feigen sowie Mangos, Papayas und Litschis gibt es inzwischen in Bio-Qualität. Die Früchte werden, je nach Sorte, in Ringe oder Spalten geschnitten oder im Ganzen getrocknet. Bei getrockneten Weintrauben unterscheidet man zwischen den großen goldgelben Rosinen mit Kernen, den goldgelben bis hellbraunen Sultaninen und den kleinen, fast blau-schwarzen, kernlosen Korinthen.

Nüsse, Samen und Schalenobst

Nüsse sind gesund, denn sie enthalten viel ungesättigte Fettsäuren, viel Eiweiß, Vitamine und Mineralstoffe. Die essbaren Samen von Früchten sollen das Denkvermögen und die Konzentrationsfähigkeit steigern und die Nerven beruhigen. Allerdings enthalten sie auch viele Kalorien. Im Gegensatz zum konventionellen Anbau sind bei Bio-Nüssen Pestizide, Schwefelung und Begasung verboten. Da Nüsse besonders anfällig für Schimmelpilze sind, bewahrt man sie am besten kühl, dunkel, trocken und in verschlossenen Behältern auf.

Cashewnüsse sind die Fruchtkerne des Nierenbaumes.

Roh sind sie ungenießbar, deshalb kommen sie nur geschält, geröstet und teilweise auch gesalzen auf den Markt.

Erdnüsse gehören botanisch betrachtet zu den Hülsenfrüchten. Es gibt sie mit und ohne Schale, geröstet und gesalzen.

Haselnüsse schmecken frisch geerntet am besten. Man erkennt sie an der hellbraunen Farbe. Außerdem sind sie als geschälte oder ungeschälte Kerne, aber auch gemahlen und gehackt im Handel erhältlich.

Kokosnüsse sind die mit Kokosmilch gefüllten Früchte der Kokospalme. Es gibt im Handel ganze Früchte und Kokosraspeln

sowie in Dosen konserviertes Fruchtfleisch und Kokosmilch.

Kürbiskerne kann man roh oder geröstet essen. Bitte immer im Kühlschrank aufbewaren, da sie leicht verderblich sind.

Leinsamen sind die kleinen, länglich-braunen Samen des Leins. Man verwendet sie ganz oder geschrotet.

Macadamianüsse sind etwas größer als Haselnüsse und haben eine dünne, halbfeste Schale. Sie kommen fast nur geschält, meist geröstet und gesalzen in den Handel.

Maronen, auch Esskastanien genannt, haben ein leicht süßliches Aroma. Frische Maronen besitzen

eine feste Schale, die auf Druck nicht nachgibt. Kleine Früchte schmecken besser als große.

Paranüsse haben eine sehr harte, dreikantige Schale. Vorsicht vor dem schädlichen Schimmel, der sich darin bilden kann.

Pekannüsse (Hickorynüsse) sehen aus wie große Eicheln und schmecken etwas aromatischer als Walnüsse.

Pinienkerne schmecken süßlich und werden meist geschält und oft auch geröstet angeboten.

Pistazien sind hellgrün, etwa haselnussgroß und haben ein feines,

mildes Nussaroma. Sie werden oft geröstet und gesalzen mit und ohne Schale angeboten.

Sesam, auch indischer Sesam genannt, ist der Samen einer Ölpflanze. Es gibt braunen und schwarzen Sesam. Ungeschält haben sie einen nussig-aromatischen Geschmack, wobei der schwarze Sesam noch intensiver schmeckt. Geschält sind beide Sorten cremefarben und milder.

Sonnenblumenkerne besitzen reichlich Eiweiß und Eisen. Auch sie sollte man am besten im Kühlschrank aufbewahren, weil sie leicht verderben.

Süße Mandeln sind die Früchte des Mandelbaumes. Man kann sie als ganze Nuss (ungeschält oder geschält), in Stiften, gerieben, gehackt oder als Blättchen kaufen.

Walnüsse werden mit Schale und geschält als Kernhälften angeboten.

Fleisch

Seit Urzeiten ist Fleisch eines unserer wichtigsten Nahrungsmittel. Es versorgt uns mit hochwertigem, leicht verdaulichem tierischen Eiweiß, Vitaminen (vor allem aus der B-Gruppe) und Mineralstoffen wie Phosphor und Eisen. Zwar enthält Fleisch auch Fett, doch Fett ist ein wichtiger Aromaträger. Deshalb sollte das Fleisch auch nicht zu mager sein. Das Fett von Bio-Rindfleisch ist übrigens leicht gelblich. Wer auf seine Linie achten will, kann das sichtbare Fett nach dem Braten wegschneiden. Garantiert echtes Bio-Fleisch bieten nur die Betriebe der Anbauverbände Bioland, Demeter, Naturland, Biokreis, Biopark, Ecoland und Gäa an.

Schweinefleisch

Das Hausschwein, das übrigens vom Wildschwein abstammt, ist heute eines der nützlichsten Haustiere, dann von
ihm   lässt
sich nahezu jedes Teil verarbeiten. Wichtig für die Qualität von Schweinefleisch ist in erster Linie, dass die Tiere artgerecht gehalten werden. Schweine, die mit einer Mischung aus Getreide und Kartoffeln ernährt werden und genügend Auslauf haben, liefern aromatischeres Fleisch als solche aus Massentierhaltung. Hochwertiges Schweinefleisch hat eine zartrosa bis rosarote Farbe, ist feinfaserig und am besten leicht marmoriert. Schweinefleisch sollte im Kühlschrank aufbewahrt und möglichst innerhalb von 3-4 Tagen verarbeitet sein.

Rindfleisch

Die Stammform der meisten heute wichtigen Rinderrassen ist der Ur- oder Auerochse. Aus ihm wurden so bekannte Fleischrassen wie Aberdeen, Black Angus, Galloway, Hereford und

Charolais gezüchtet, die in der Regel hervorragendes Fleisch mit kräftigem Geschmack liefern und gerade im ökologischen Landbau eine zunehmend größere Rolle spielen. Doch Rindfleisch ist nicht gleich Rindfleisch. Für die Qualität sind in erster Linie Alter und Geschlecht der Tiere, die Fettverteilung sowie der Reifegrad des Fleischs entscheidend.

Ochsenfleisch gilt als bestes Rindfleisch. Es stammt von ausgewachsenen, kastrierten, männlichen Tieren, ist gut marmoriert und schmeckt aromatisch-kräftig. Eine besondere Spezialität, die es nur im Herbst gibt, ist das Weidemastochsenfleisch. Es ist sehr saftig, aromatisch und stark marmoriert.

Jungbullenfleisch stammt von bis zu 2 Jahre alten Tieren. Es ist hellrot und sehr mager. Färsenfleisch stammt von weiblichen Tieren, die noch nicht gekalbt haben, ist meist etwas fett, jedoch sehr zart und saftig.

Im Gegensatz zu Schweinefleisch muss Rindfleisch reifen. Fleisch zum Braten und Kurzbraten sollte dabei mindestens 14 Tage, Kochfleisch 5-6 Tage gereift sein. Achten Sie beim Einkauf darauf, dass das Fleischstück keine angetrockneten Stellen aufweist, denn dies würde auf eine zu lange Lagerung hindeuten. Im Kühlschrank hält sich frisches Rindfleisch 2-3 Tage.

Kalbfleisch

Kaum ein anderes Fleisch ist so delikat und zart wie Kalbfleisch. Das Bindegewebe der jungen Tiere ist noch weich und die Muskeln noch nicht vollständig entwickelt. Kälber aus Mutterkuhhaltung im ökologischen Landbau werden erst im Alter von etwa 8 Monaten geschlachtet, sonst schon im Alter von 3-4 Monaten, wenn sie zwischen 120 und 220 kg wiegen. Gutes Kalbfleisch ist rosa bis hellrot, feinfaserig und fettarm.

Lammfleisch

Lammfleisch ist würzig, zart, recht fettarm und lässt sich zudem ausgesprochen vielseitig zubereiten. Am zartesten ist das Fleisch von Milchlämmern, die nicht älter als 6 Monate sind und die ausschließlich Milch getrunken haben. Mastlammfleisch stammt von etwa 12 Monate alten Lämmern, die im Stall oder auf der Weide gehalten wurden. Gute Qualität erkennt man an der hell- bis ziegelroten Farbe und am beinahe weißen Fett. Abgedeckt hält sich das Fleisch im Kühlschrank 2-3 Tage, in einer Marinade sogar bis zu 5 Tage.

Hackfleisch

Aus jeder Fleischsorte lässt sich Hackfleisch herstellen. Der Gesetzgeber verbietet jedoch aus hygienischen Gründen den Verkauf von Wild- und Geflügelhackfleisch. Hackfleisch ist extrem leicht verderblich. Deshalb muss es am Tag der Herstellung umgehend verkauft und verarbeitet werden. Zu Hause sollten Sie es bis zum Verkehr unbedingt in den Kühlschrank legen. Gegartes Hack hält sich, gut gekühlt, 1-2 Tage. Hier die einzelnen Sorten:

Rinderhackfleisch (Ochsenhack) wird aus entsehntem Rindfleisch wie z.B. Querrippe und Bauchlappen hergestellt.

Tatar (Beefsteakhack, Schabefleisch) besteht aus schierem Muskelfleisch vom Rind und ist die magerste Hackfleischsorte.

Schweinehackfleisch ist grob oder fein durchgedrehtes Schweinefleisch aus Bauch und Schulter.

Kalbhackfleisch wird aus Schulterfleisch zubereitet und lässt sich ideal mit Rinderhackfleisch kombinieren.

Gemischtes Hackfleisch, auch Hackfleisch „halb und halb" genannt, besteht je zur Hälfte aus grob entsehntem Rind- und Schweinefleisch.

Lammhackfleisch hat einen sehr intensiven Geschmack. Es wird vor allem aus der Schulter zubereitet.

Mett (Hackepeter, Häckerl) nennt man Schweinefleisch, das bereits mit Zwiebeln, Salz und Gewürzen vermischt ist.

Geflügel und Eier

Am Anfang stand das rote Dschungelhuhn. Schon vor rund 4500 Jahren wurde es als Hausgeflügel im Indus-Tal um Harappa, im heutigen Pakistan, gehalten. Es gilt als Vorfahre aller Hühner. Die Beliebtheit von Geflügel aller Art hat sich bis heute nicht geändert, und das aus gutem Grund. Es hat wenig Fett und viel Eiweiß, ist vielseitig und lässt sich rasch zubereiten. Im Gegensatz zur Massentierhaltung hat Bio-Geflügel fast doppelt so viel Zeit zum Wachsen, und das unter natürlichen Umständen. Dadurch ist sein Fleisch fester, aromatischer und etwas dunkler. Frischgeflügel hält sich im Kühlschrank bei 4-6 °C ungefähr 2-3 Tage. Aus hygienischen Gründen sollte Geflügel beim Lagern nicht mit anderen Lebensmitteln in Berührung kommen, um eine Salmonelleninfektion zu vermeiden.

Bio-Hähnchen werden mit einem Gewicht von 1,2–1,5 kg geschlachtet. Poularden sind etwas schwerer. Von beidem werden auch einzelne Teile wie Hähnchenbrust, -schenkel, -keulen und Brustfilets angeboten. Besonders aromatisch sind die aus Frankreich stammenden Bresse-Poularden.

Suppenhühner sind Legehennen. Sie wiegen 1,5–2,4 kg und sind nur zum Kochen geeignet, ergeben dabei aber eine ausgezeichnete Brühe.

Kapaun ist ein junger, vor der Geschlechtsreife kastrierter Hahn mit einem Gewicht von 1,5–2 kg. Er ist besonders fleischig und zart.

Flugenten sind besonders widerstandsfähig, deshalb eignen sie sich besser als Stockenten für den Bio-Landbau. Flugenten, auch Barbarie-Enten genannt, haben einen höheren Fleischanteil als normale Enten und weniger Fett.

Gänse sind geradezu ideal für den Öko-Landbau. Zwar brauchen sie viel Platz, sind aber robust und können mit Gemüse zugefüttert

werden. Frisch bekommt man sie überwiegend in den Monaten November, Dezember und Januar. Auch Gänse werden während der Saison in Teilen angeboten, frisch oder tiefgefroren. Im Kühlschrank halten sich frische Gänse etwa 2 Tage, tiefgefroren etwa 3 Monate.

Truthähne/Puter lassen sich gut auf Weiden halten und sind deshalb bei vielen Bio-Bauern sehr beliebt. Meist kauft man Truthahn in Teilstücken wie Brust, Schnitzel oder Keule. Im Gegensatz zum Brustfleisch ist das Fleisch der Keulen dunkler und aromatischer.

Perlhühner sind in artgerechter Tierhaltung noch eine Seltenheit. Ihr aromatisches Fleisch hat einen leichten Wildgeschmack. Bratfertig wiegen die Tiere bis zu 1300 g. Junge Perlhühner erkennt man an ihrer biegsamen Brustbeinspitze.

Eier

Eier sind wahre Tausendsassa. Sie lassen sich kochen, braten, pochieren oder einlegen und sind unentbehrlich beim Backen. Und wenn sie vom Bio-Hof kommen, enthalten sie mehr Carotin und Lezithin.

Auch bei Eiern aus kontrolliert-biologischem Anbau unterscheidet man die Handelsklassen A und A frisch sowie die Gewichtsklassen klein (S), mittelgroß (M), groß (L) und sehr groß (XL).

Was die Verpackung verrät

Auf Eierkartons finden Sie neben Angabe der Gewichts- und Güteklasse sowie der Anzahl der Eier auch das Mindesthaltbarkeitsdatum. Ferner finden Sie das Bio-Siegel und die Nummer der Öko-Kontrollstelle. Bei frischen Eiern steht 0 für Eier von Bio-Hennen, die beiden Buchstaben des Erzeugerlandes (DE für Deutschland) und eine siebenstellige Nummer, die den Erzeugerbetrieb angibt.

Die Lagerung

Hühnereier können mit Salmonellen befallen sein. Doch je frischer sie sind, desto geringer ist die Vermehrungschance. Generell gilt jedoch: Lagern Sie Eier bis zum Verzehr grundsätzlich im Kühlschrank – am besten in der Eierbox getrennt von allen anderen Lebensmitteln. So halten sie sich mindestens 3 Wochen.

Fisch

Fisch ist köstlich und vor allem gesund. Er liefert hochwertiges Eiweiß, reichlich Mineralstoffe, Vitamine und wertvolle Fette – und das alles kombiniert mit seinem köstlichen Geschmack. Fisch ist wirklich ein guter Fang, vor allem dann, wenn er schonend gefischt und artgerecht gezüchtet wird. Noch gibt es weder in Deutschland noch in der EU verbindliche Standards für die ökologische Fischhaltung, denn verschiedene Anbauverbände haben inzwischen Richtlinien für die Aufzucht von Süßwasserfischen, wie z.B. Forellen, Saibling und Karpfen aus Teichen und für Fische aus Aquakulturen erarbeitet. Dabei handelt es sich um große Fischfarmen im Meer, in denen vor allem Lachs, aber auch Muscheln und Garnelen, unter öko-kontrollierten Bedingungen aufwachsen. So haben Bio-Fische mehr Platz in den Becken und damit mehr Bewegung als ihre konventionellen Artgenossen. Als Folge ist ihr Fleisch fester, weniger fett und aromatischer. Seefisch aus dem Naturkostladen wird in der Regel vor Grönland und im Nordatlantik ohne Einsatz von Treibnetzen gefangen. Fragen Sie doch einmal Ihren Fischhändler danach. Auch wenn Bio-Fische noch kein staatliches Gütesiegel tragen dürfen, so gibt es Zertifikate einzelner Verbände. Federführend bei Seefisch ist Naturland. Demeter, Bioland und Biokreis zertifizieren Karpfen, Forellen und Saibling, die britische Umweltorganisation SOIL zeichnet Bio-Lachse aus.

Wo kann man Bio-Fisch kaufen?

Im Naturkostladen, im Fisch-Fachhandel und im Supermarkt. Häufiger wird er verarbeitet angeboten, wie z.B. marinierter Lachs oder geräucherte Forellen. Tiefgekühlt sind Shrimps, Muscheln und Lachs im Angebot.

Aus Fluss und Teich

Fische unterscheidet man in See- und Süßwasserfische und differenziert dabei die Seefische noch einmal nach Platt- und Rundfisch. Da das Angebot an biologisch kontrolliertem Seefisch sehr gering ist, folgt nun ein Überblick über die bei uns am häufigsten im Bio-Handel angebotenen See- und Süßwasserfische.

Dorade, auch Goldbrasse genannt, gehört zur Familie der Rundfische und kommt vor allem im Mittelmeer und im Atlantik vor. Inzwischen wird sie auch gezüchtet. Sie hat festes, weißes Fleisch mit wenig Fett und kaum Gräten.

Forellen gehören zur Familie der Lachse. Man unterscheidet folgende Arten: Bachforellen leben meist frei und sind wesentlich aromatischer als die gezüchteten größeren Regenbogenforellen. Bis zu 1,4 m lang werden die Seeforellen aus den Alpenseen. Lachsforellen sind Wanderfische, deren Fleisch während ihres Aufenthaltes eine lachsähnliche Farbe annimmt. Es gibt sie auch aus der Zucht.

Kabeljau wird bis zur Geschlechtsreife Dorsch genannt. Das feste, ausgesprochen magere Fleisch des Rundfisches schmeckt sehr mild.

Karpfen unterscheidet man in den völlig mit Schuppen bedeckten Schuppenkarpfen, den nur unregelmäßig beschuppten Spiegelkarpfen und den fast schuppenlosen Lederkarpfen. In den Herbst- und Wintermonaten schmecken diese Fische am besten.

Lachse laichen ursprünglich in Flüssen, wandern dann aber ins Meer. Die bei uns angebotenen Bio-Lachse stammen vorwiegend aus der Zucht. Eine besondere Delikatesse ist der in Flüssen geangelte Wildlachs, auch Salm genannt. Sein hellrotes, fettreiches Fleisch ist fast grätenfrei.

Pangasius gehört zur Gruppe der Welse und wiegt zwischen 1,5 und 2 kg. Der weißfleischige, fast grä-

tenfreie Speisefisch ist vor allem in Asien sehr beliebt, gewinnt aber auch bei uns immer mehr Anhänger.

Der **Saibling** ist ein 20-40 cm großer, forellenartiger Fisch, der in Bach- und Seesaiblinge unterschieden wird. Ihr lachsfarbenes Fleisch schmeckt pochiert und kurzgebraten am besten.

Schleien sind Verwandte des Karpfens. Ihr Fleisch ist schmackhaft und leicht fettig. Tranchen und Filets eignen sich hervorragend zum Braten und Pochieren.

See- oder Wolfsbarsch, auch Loup de mer genannt, ist einer der teuersten Seefische. Das feste, weiße und sehr aromatische Fleisch des Rundfischs schmeckt besonders gut pochiert oder gebraten.

Zander gehört zu den beliebtesten Süßwasserfischen. Sein festes weißes, sehr mageres Fleisch eignet sich für alle Zubereitungsarten.

Der Frischetest
Beim Einkauf von frischem Fisch sollten Sie Folgendes beachten:

- Die Augen müssen klar und prall sein und sollten glänzen.
- Die Kiemen müssen hellrot sein und fest anliegen.
- Die Schleimhaut soll glatt sein und nicht schmierig riechen.
- Ein Eindruck mit dem Finger ist bei frischen, ganzen Fischen nur sehr kurz zu sehen.
- Fischfilets müssen glatte, nicht angetrocknete oder verfärbte Ränder und glänzendes Fleisch haben.

Kartoffeln

Einst als profane Sättigungsbeilage verschrien, hat die Kartoffel sich heute längst in die Töpfe der Spitzenköche hochgearbeitet. Und das aus gutem Grund, denn kaum ein anderes Nahrungsmittel lässt sich so vielseitig zubereiten. Zudem enthalten Kartoffeln wenig Fett, dafür aber umso mehr Mineralstoffe, Vitamine, Ballaststoffe und Kohlenhydrate. Besonders reich an Vitaminen und Mineralstoffen wie Kalium und Magnesium sind Bio-Kartoffeln. Wie eine Studie der Ohio State University belegt, schmecken Kartoffeln aus ökologischem Anbau intensiver. Grund hierfür sind die natürlichen Abwehrstoffe der Hackfrucht, die Glykolalkaloide. Konventionell angebauten Kartoffeln fehlen diese Abwehrstoffe. Der besondere Geschmack der Bio-Kartoffeln wird zudem durch ein langsameres Wachstum begünstigt, da sie nicht mit chemisch-synthetischen Stickstoffen gedüngt werden. Aufgrund dessen haben Bio-Kartoffeln auch einen sehr geringen Nitratgehalt, enthalten weniger Wasser und sind weitestgehend frei von Schadstoffen.

Die Sorten

Die zahlreichen Kartoffelsorten unterscheiden sich insbesondere in ihren Kocheigenschaften.

Festkochende Sorten behalten beim Kochen ihre Form und springen nicht auf. Sie eigenen sich deshalb hervorragend für Salate, als Pell- oder Bratkartoffeln. Bekannteste Bio-Vertreter sind Nicola, Selma, Cilena und Linda.

Vorwiegend festkochende Sorten sind mittelfest, leicht mehlig und springen beim Kochen nur ein wenig auf. Besonders empfehlenswert sind sie als Salzkartoffeln, da sie Saucen ideal aufnehmen. Sie lassen sich aber auch gut für Aufläufe und Gratins verwenden. Bekannteste Vertreter: Christa, Gloria, Leyla und Marabell.

Mehligkochende Sorten haben einen höheren Stärkegehalt, sind grobkörnig und platzen beim Kochen auf. Einige Sorten können auch vollständig zerfallen. Sie eignen sich besonders für Eintöpfe, Pürees, Klöße, Reibekuchen, Gnocchi oder Kroketten. Bekannteste Vertreter: Likaria, Melina, Freya und Saturna.

Die Erntezeiten

Entscheidend für Aroma und Qualität der Knollen ist aber auch ihr Erntezeitpunkt.

Frühkartoffeln aus heimischer Ernte sind von Ende Juni bis Anfang August auf dem Markt. Sie haben einen stark ausgeprägten Geschmack, eine kräftig-gelbe Innenfarbe und eine dünne, zarte Schale, die man mitessen kann. Leider lassen sie sich nicht länger als 14 Tage lagern.

Mittelfrühe Kartoffeln werden im August und September geerntet. Sie sind ausgezeichnete Speisekartoffeln und können ca. 8 Monate gelagert werden.

Spätkartoffeln kommen von Mitte September bis in den November hinein in den Handel. Sie können bis zur neuen Ernte gelagert werden.

Praktische Tipps

• Achten Sie beim Einkauf darauf, dass die Knollen weder Keime noch Schimmelansätze zeigen.

• Nach dem Einkauf müssen die Kartoffeln sofort aus der Verpackung genommen werden, damit sie nicht schwitzen. Bewahren Sie Kartoffeln immer an dunklen, kühlen Orten auf. Bei Lichtkontakt bilden sich grüne Flecken, die giftiges Solanin enthalten und entfernt werden müssen.

• Wenn Sie Kartoffeln einkellern wollen, brauchen Sie einen dunklen, trockenen und gut belüfteten Keller, der frostsfrei ist. Sonst kaufen Sie die Knollen besser nach Bedarf ein.

Nudeln

Das Angebot an Nudeln oder Pasta, wie der Italiener sagt, ist riesig. Ob lange Spaghetti oder kurze Penne, Muscheln oder Hörnchen – es gibt kaum eine Größe und Form, die sich nicht in Gestalt einer Nudel verewigt hätte. Und auch die Produktpalette aus biologischem Anbau wird immer größer.

Die Zutaten für alle Bio-Nudeln sind ohne Zusatz von organischen Düngern und Pestiziden erzeugt. Enthalten die Nudeln Eier, kommen diese von artgerecht gehaltenen Hühnern. Auch das Herstellungsverfahren ist so schonend wie nur möglich. Alle Produkte werden frisch verarbeitet, sodass die Nährstoffe weitgehend erhalten bleiben. Weitere Vorteile: Auf künstliche Zusätze wie Farb-, Aroma- und Konservierungsstoffe wird verzichtet. Die Zutaten für gefüllte und gefärbte Pasta stammen ebenfalls aus dem Bio-Anbau.

Die Sorten

Helle Nudeln gibt es eifrei aus Hartweizengrieß und/oder hellem Mehl sowie als Eiernudeln. Anstelle von Weizen kann auch Dinkel- und Hirsemehl verwendet werden. Beide Pasta-Typen gibt es u.a. als Spaghetti, Penne, Lasagne sowie als Ravioli oder Tortellini gefüllt und bunt gefärbt.

Vollkornnudeln werden aus dem Mehl oder Grieß des vollen, keimfähigen Korns hergestellt, vorwiegend aus Weizen. Daneben gibt es auch Nudeln aus Hirse, Dinkel, Buchweizen, Amaranth und Reis – mit und ohne Ei und in vielen Formen.

Trockenteigwaren, auch Pasta secca genannt, werden durch schonende Trocknungsverfahren

haltbar gemacht. Zum Vergleich: konventionell hergestellte Nudeln trocknen bei hohen Temperaturen in wenigen Stunden, Bio-Nudeln bei niedrigen Temperaturen in bis zu 36 Stunden. Es gibt sie als helle Nudeln und als Vollkornnudeln. Die Haltbarkeit beträgt bis zu 1 Jahr.

Frischteigwaren (Pasta fresca) werden aus unterschiedlichen Teigen hergestellt. Am beliebtesten sind Eiernudeln aus Hartweizengrieß. Sie werden auch mit Spinat oder Tomaten und mit Schinken, Käse oder Gemüse gefüllt. Frische Pasta hält sich nur wenige Tage im Kühlschrank.

Getreide & Getreideprodukte

Botanisch gesehen gehört Getreide zu den Gräsern. Erst durch seinen Anbau konnten die Menschen sesshaft werden, denn aufgrund seiner Lagerfähigkeit musste man nicht länger umherziehen, sondern konnte Vorräte anlegen und Handel treiben.

Ein bisschen in Vergessenheit geraten, feiert es heute in der Vollwertküche ein Comeback, als Frischkornmüsli, Vollkornbrot oder als körnige Grundlage für Gerichte aller Art. Und auch hier finden immer mehr Menschen es wichtig, dass das Getreide aus biologisch-kontrolliertem Anbau kommt. Hier die wichtigsten Getreidearten:

Reis

Über 8000 verschiedene Sorten gibt es von diesem meistgegessenen Getreide der Welt. Für uns sind aber nur folgende vier von Bedeutung: Langkornreis, Rundkornreis, Mittelkornreis und roter Naturreis. Der hier gehandelte Bio-Reis wächst hauptsächlich in Frankreich und Italien. Basmati-Reis kommt aus Indien und Thailand.

Langkornreis hat 6-8 mm lange, schmale Körner, die beim Kochen locker und körnig bleiben. Er eignet sich hervorragend als Beilage, als Basis vieler asiatischer Gerichte und für Pilaws. Bekannteste Langkornreissorte ist der Patna-Reis, die feinste der duftende Basmati-Reis.

Mittelkornreis ist 5-6 mm lang und leicht gedrungen. Ihn nimmt man gerne für Risotto, Paella und für Sushi, da er beim Kochen mehr Stärke absondert und somit die Körner dichter aneinanderkleben.

Rundkornreis ist 4-5 mm lang und rundlich. Er kocht weich und klebrig und ist ideal für Risotti und Desserts. Bekannteste Sorten sind Arborio und Carnaroli.

Roter Reis, auch Camargue-Reis genannt, gibt es bisher nur aus biologischem Anbau. Die rotbraune Außenhaut des Korns erhält der Reis durch den Anbau auf tonhaltiger Erde. Das eigentliche Korn ist weiß, daher ist roter Reis nur unbehandelt und ungeschält als Naturreis erhältlich.

Neben den unterschiedlichen Sorten differenziert man auch nach Bearbeitungsgraden:

Natur- bzw. Vollkornreis ist ungeschliffen, also noch von der Silberhaut umgeben. Er enthält noch alle seine Mineralstoffe, Vitamine und Spurenelemente und schmeckt leicht nussig.

Parboiled Reis wird geschliffen, eingeweicht, unter Dampf erhitzt und wieder getrocknet. Bei diesem Vorgang verziehen sich viele Nährstoffe ins Korninnere. So gehen bei dem anschließenden Poliervorgang nicht alle Vitamine und Mineralstoffe verloren.

Weißreis hat eine weiße, glatte Oberfläche, weil die Silberhaut abgeschliffen wurde. Mineralstoffe und Vitamine sind nur noch in geringen Mengen enthalten.

Schnellkochreis (Kurzzeitreis) ist Weißreis, der vorgegart und ge-

trocknet wurde. Durch das Vorgaren hat er eine sehr kurze Garzeit.

Weizen

Das in unserem Kulturkreis wichtigste Getreide wird vor allem wegen seiner hervorragenden Backeigenschaften geschätzt. Man unterscheidet zwischen Weichweizen, unserem normalen Weizen und dem kräftigen, eiweißreichen Hartweizen, auch Durumweizen genannt. Weizen wird als ganzes Korn, Schrot, Grieß, Flocken, Kleie und Mehl angeboten.

Bulgur

Darunter versteht man einen vorgekochten und gegarten Hartweizen. Bulgur ist fein im Geschmack und hat eine kurze Garzeit.

Roggen

Roggen ist neben Weizen das wichtigste Brotgetreide, liefert reichlich Ballaststoffe und viel Magnesium für Muskeln und Nerven. Allerdings ist er auch schwer verdaulich. Roggen bekommt man als ganzes Korn, Schrot und Flocken.

Dinkel

Der zur Weizenfamilie gehörende Dinkel, auch Spelz genannt, hat als Mehl die gleichen guten Backeigenschaften wie Weizen. Dinkel gibt es als ganzes Korn, Schrot und Mehl.

Grünkern

Als Grünkern bezeichnet man die unreifen, schwach gerösteten Körner des Dinkels. Er schmeckt würzig-herzhaft, und man bekommt ihn als ganzes Korn, Schrot, Grieß oder Mehl.

Gerste

Sie wird als Nackt- oder Sprießkorngerste und als Spelzgerste angebaut. Letztere nimmt man vorwiegend für die Bierherstellung. Nacktgerste, ohne Spelzen, ist ein vollwertiges Nahrungsmittel, das reichlich Eiweiß und Vitamine der B-Gruppe enthält. Werden die Gerstenkörner geschliffen, nennt man sie Graupen. Hier reicht das Angebot von kleinen Perlgraupen bis hin zu den großen „Kälberzähnen". Außerdem wird Gerste als ganzes Korn, geschrotet, in Flocken und als Mehl angeboten.

Hafer

Nackt- oder Sprießkornhafer ist das Getreide mit dem höchsten Gehalt an Eiweiß, Vitaminen, und Mineralstoffen, aber auch an Fett. Die länglichen Körner schmecken würzig, leicht nussartig. Hafer wird in ganzen Körnern, als Grütze, Schrot und Flocken angeboten.

Hirse

Die kleinen, goldgelben Körnchen haben ein sehr würziges und zugleich feines Aroma. Außergewöhnlich ist ihr hoher Gehalt an Kieselsäure, die positiv auf Haut, Haare und Nägel wirken soll. Hirse ist im Ganzen und als Flocken im Handel, kann süß und pikant zubereitet werden.

Mais

In Süd- und Mittelamerika ist Mais nach wie vor das wichtigste Nahrungsmittel. Gekeimter, geschroteter Mais wird als Maisgrieß angeboten. Es gibt ihn fein (ideal für Polenta) und groß (er heißt dann Kukuruz). Aus dem Grieß gewinnt man Mehl und Stärke. Cornflakes sind gekeimter, geschroteter und gerösteter Mais.

Kamut

ist die wiederentdeckte alte Kulturform des Weizens. Das Getreide, das vorwiegend in Nordamerika angebaut wird, enthält 20–40 % mehr Eiweiß und mehr Aminosäuren, Vitamine und Mineralstoffe als Weizen. Wegen seines hohen Eiweißgehalts und der guten Klebeeigenschaften eignet sich Kamut besonders gut zum Backen. Es kann wie Weizen und Dinkel verwendet werden.

Daneben gibt es noch eine Menge Pflanzen, die botanisch betrachtet gar kein Getreide sind. Deren geschälte Samen ähneln aber denen des Getreides und werden auch so behandelt. Dazu gehören u.a.:

Buchweizen
Die Samen des Knöterichgewächses sehen aus wie kleine Bucheckern. Buchweizen schmeckt nussartig. Man kann ihn als ganze Körner, Grütze (Schrot) oder Mehl kaufen.

Quinoa
Das so genannte Inkakorn kommt aus Südamerika und wird „Kinwa" ausgesprochen. Die Körner ähneln im Aussehen der Hirse, beim Kochen werden sie jedoch blass und glasig. Quinoa ist sehr eiweißreich und lässt sich wie Getreide zubereiten. Das Mehl ist sehr kleberarm, daher muss es zum Backen mit mindestens 1/4 der Mehlmenge aus Weizen oder Dinkel gemischt werden.

Amaranth
Die kleinen, mild-nussigen Körnerfrüchte des Gartenfuchsschwanzes werden auch Inkaweizen genannt. Sie wachsen in den Extremlagen tropischer Hochländer wie z.B. den Anden in Südamerika und sind reich an Eiweiß und ungesättigten Fettsäuren. Die ganzen Körner schmecken im Müsli oder zu Grütze gekocht als Beilage. Aus dem Mehl lassen sich Brot, Kuchen und Tortillas herstellen.

Die richtige Lagerung von Mehl & Schrot
Am besten mahlt man Schrot und Schrot-Mehle erst unmittelbar vor dem Gebrauch. Nur so bleiben alle wertvollen Inhaltsstoffe erhalten. Die Typenzahl fertig abgepackter Mehle gibt an, wie viel mg Mineralstoffe es enthält. Je höher die Zahl, desto vollwertiger ist das Mehl. Abgepackte Mehle bewahrt man in der Originalverpackung auf. Kühl, luftig und trocken gelagert bleiben ganze Getreidekörner etwa 2 Jahre, Flocken, Grütze, Graupen und helle Mehle ca. 6 Monate und Grieß sowie Vollkornmehle und –schrote ca. 4 Wochen haltbar.

Hülsenfrüchte

Hülsenfrüchte (Leguminosen) zählen zu den ältesten Kulturpflanzen und waren lange Zeit eines der Hauptnahrungsmittel der Menschheit. Hülsenfrüchte sind ausgesprochen gesund, denn die Samen von Bohnen, Erbsen, Linsen & Co. sind die eiweißreichsten pflanzlichen Lebensmittel. Zudem enthalten sie viele wertvolle Vitamine, Mineral- und Ballaststoffe und mit Ausnahme der Sojabohne kaum Fett.

Bohnen

Adzukibohnen werden beim Kochen ganz weich. Die roten Bohnen schmecken süßlich und sind beliebt in Suppen, Reisgerichten und Desserts.

Augenbohnen, auch Chinabohnen genannt, haben einen schwarzen Fleck auf der Haut und einen leicht nussigen Geschmack. Augenbohnen sind ideale Eintopfbohnen.

Borlotti-Bohnen sind Bestandteil vieler italienischer Gerichte, z.B. der Minestrone. Die großen bräunlich-roten Bohnen werden sehr gut weich, behalten aber ihre Form.

Flageoletbohnen stammen aus Frankreich. Die kleinen, hellgrünen Bohnen werden vor allem als Gemüse geschätzt.

Kidneybohnen haben einen hohen Ballaststoffanteil. Die roten, nierenförmigen Bohnen schmecken würzig und leicht süßlich und eignen sich ideal für Salate, Eintöpfe und Ragouts.

Limabohnen (Mondbohnen) sind sehr große, flache Bohnen mit einem milden Geschmack. Sie sind ideal für Salate und als Gemüse.

Mungobohnen schmecken süßlich und geben vor allem Eintöpfen den letzten Pfiff.

Pferdebohnen, auch Dicke Bohnen, Sau- oder Puffbohnen genannt, haben eine schrumpelige Haut, die man jedoch nach dem Kochen entfernen kann. Sie sind ideal für Suppen, Salate und als Gemüsebeilage.

Schwarze Bohnen haben eine glänzende Schale und einen weißen Kern. Sie schmecken würzig, leicht süßlich und sind ideal für Saucen.

Sojabohnen enthalten besonders viel Eiweiß, aber auch viel Fett. Die gelben, roten, grünen oder schwarzen Bohnen haben einen knackigen Kern.

Wachtel- oder Pintobohnen sind rundlich, rotbraun und gesprenkelt. Sie bleiben beim Kochen fest und eignen sich besonders für Eintöpfe.

Weiße Bohnen gibt es als große weiße Bohnen und mildere, kleine Perlbohnen. Sie sind fester Bestandteil vieler klassischer Eintöpfe, da sie beim Kochen weich und sämig werden.

Erbsen

Man unterscheidet in herzhafte grüne und milde gelbe Erbsen. Beide werden geschält und ungeschält, ganz oder als Splittererbsen angeboten. Geschälte Erbsen sind leichter verdaulich und werden auch schneller gar.

Kichererbsen stammen aus dem Mittleren Osten. Die gelbe bis hellbraune Erbsensorte schmeckt leicht nussig.

Linsen

Linsen werden nicht nur nach Sorten, sondern auch nach Größen eingeteilt. Es gibt Riesenlinsen, Teller -und Mittellinsen. Generell gilt: je kleiner, desto schmackhafter.

Berglinsen haben eine feste, braune oder graugrüne Schale. Sie bleiben auch bei längerem Kochen körnig und haben einen herzhaften Geschmack.

Braune Mini-Linsen (Mignon-Linsen) sind extra kleine Linsen und schmecken süßlich.

Gelbe Linsen haben ein nussartiges, mildes Aroma und sind geschält. Man braucht sie nicht einzuweichen.

Grüne Linsen sind ungeschält und müssen über Nacht eingeweicht werden. Sie werden beim Kochen weich, behalten aber ihre Form.

Puy-Linsen stammen aus Frankreich. Die kleinen, grau-grünen bis grün-bläulichen Linsen mit ihrer dünnen Schale haben eine kurze Garzeit und sind sehr aromatisch.

Rote Linsen sind bereits geschält, und man braucht sie nicht einzuweichen. Sie schmecken mild und kochen leicht sämig.

Praktische Tipps

• Ungeschälte Bohnen müssen, wie auch ungeschälte Erbsen, vor der Zubereitung 8-12 Stunden eingeweicht werden, am besten über Nacht. Linsen müssen dagegen nicht immer eingeweicht werden.

• Hülsenfrüchte sollte man nie zusammen mit Salz garen, sonst werden sie nicht richtig weich.

• Ungeschälte Hülsenfrüchte kann man 1 Jahr aufbewahren, wenn man sie trocken, luftig und dunkel lagert. Schälerbsen sollten allerdings nicht länger als 6 Monate liegen.

Milch und Milchprodukte

Für den Griff zur Bio-Milch gibt es eine ganze Vielzahl von Gründen: Sie stammt von artgerecht gehaltenen Tieren, wird besonders schonend verarbeitet und ist sehr gesund. Bio-Milch, so haben Wissenschaftler herausgefunden, enthält 64 % mehr Omega-Fettsäuren (verringern das Herzinfarkt-Risiko), mehr Vitamin E (schützt vor Arterienverkalkung) und Betacarotin (gut für Augen und Haut) als konventionelle Milch. Außerdem enthält Bio-Milch dreimal so viel konjugierte Linolsäure (CLA). Hierbei handelt es sich um eine Fettsäure, die vor Herz-Kreislauferkrankungen und Diabetes schützen soll. Entscheidend für die Qualität der Milch ist das Futter der Kühe: viel frisches Grün, reichlich Klee und weniger vom sonst üblichen Futtermais.
Auch für die Verarbeitung von Bio-Milch gelten andere Regeln. So ist unter anderem der Einsatz gentechnisch veränderter Zutaten und naturidentischer oder künstlicher Aromen untersagt. Die Anzahl der Zusatzstoffe ist begrenzt. Hier ein Überblick über die bekanntesten Bio-Milchsorten und -produkte:

Bio-Rohmilch ist die Bezeichnung für Milch, die frisch von der Kuh kommt. Sie besitzt ihren natürlichen Fettgehalt, ist weder erhitzt noch homogenisiert. Für Säuglinge und Kranke ist sie ungeeignet. Bio-Rohmilch darf nur direkt vom Bio-Bauern auf seinem Hof an den Verbraucher verkauft werden. Vor ihrem Verzehr muss sie abgekocht werden. Gekühlt hält sie sich 1-2 Tage, sollte jedoch am besten schnell verbraucht werden.

Vorzugsmilch ist die einzige Milchsorte, die als unbehandelte Rohmilch in den Handel gelangt. Auf dem Etikett müssen genaue Angaben über Fettgehalt, Haltbarkeit, Menge und Erzeugerbetrieb vermerkt sein.

Pasteurisierte Milch wurde in der Molkerei kurz erhitzt (pasteurisiert). Kühl gelagert hält sie sich ca. 14 Tage. Einige Bio-Molkereien bieten eine haltbare Frischmilch an, die vor dem Abfüllen von heißem Dampf durchströmt wurde. Dieses Verfahren verändert den Geschmack der Milch, die sich bis zu 3 Wochen hält, kaum.

H-Milch ist ultrahocherhitzt und dadurch keimfrei. Die Bio-Anbauverbände wie Demeter, Bioland oder Naturland lehnen das Ultrahocherhitzen wegen des Qualitätsverlustes ab. Die EU-Öko-Verordnung erlaubt es jedoch. Bio-H-Milch findet man deshalb eher im konventionellen Supermarkt. Sie ist etwa 8 Wochen haltbar.

Kondensmilch (Dosenmilch) ist eine durch Verdampfen von Wasser eingedickte und anschließend keimfrei gemachte Milch. Es gibt sie auch in Bio-Qualität in verschiedenen Fettgehaltsstufen.

Milchpulver wird durch Trocknen der gesamten Milchflüssigkeit hergestellt.

Der Fettgehalt
Bio-Milch gibt es als Vollmilch mit mindestens 3,7 % Fettgehalt und als fettarme Bio-Milch mit 1,5–1,8 %. Bei H-Milch liegt der Fettgehalt bei 3,5 % und 1,5 %.

Sahne wird bei der Entrahmung frischer Bio-Rohmilch gewonnen. Damit die Sahne fest wird, impft man sie mit Mikroorganismen, die den Milchzucker zu Milchsäure vergären. Die Beigabe von Gelatine und Zucker ist verboten.

Schlagsahne (Schlagsahne, süße Sahne) hat einen Fettgehalt von mindestens 30 %, Sahne mit einem Mindestfettgehalt von 10 % wird als Kaffeesahne bezeichnet und lässt sich nicht steif schlagen.

Saure Sahne, auch Sauerrahm genannt, ist frische süße Sahne, die mit Milchsäurebakterien gesäuert wurde. Ihr Fettgehalt liegt bei mindestens 10 %.

Schmand, auch löffelfester Sauerrahm oder saure Sahne extra genannt, ist ein gesäuertes Sahneprodukt mit einem Fettgehalt von 20–29 %.

Crème fraîche ist ein Sauerrahm mit mindestens 30 % Fett. Sie flockt beim Kochen im Gegensatz zu saurer Sahne nicht aus.

Crème double ist eine hochprozentige, löffelfeste süße Sahne mit einem Fetthalt von mindestens 42 %. Auch sie flockt beim Kochen nicht aus.

Joghurt entsteht, wenn man Rohmilch mit Milchsäurebakterien versetzt. Es gibt ihn mit Fettgehalten von 0,1–10 % im Handel. Joghurt gibt es in stichfester, gerührter und trinkfähiger Form sowie als Milchmischerzeugnis (wie Fruchtjoghurt). Die Früchte beim Bio-Joghurt stammen aus kontrolliert biologischem Anbau.

Buttermilch entsteht bei der Verbutterung von Milch oder Sahne und ist ein eiweißreiches, fettarmes Getränk (0,1–3,5 % Fettgehalt). Reine Buttermilch enthält weder Fremdwasser noch Zusätze von Mager- oder Trockenmilch. Buttermilch wird auch mit Früchten angeboten.

Käse

Milch aus ökologisch kontrolliertem Anbau, traditionelles Käsereihandwerk sowie lange Reifeprozesse – das sind die besten Voraussetzungen für hervorragenden Käse, den es inzwischen in großer Auswahl im Naturkost- oder Hofladen und auf Wochenmärkten gibt. Auch Bio-Käse wird, je nach Herstellungsverfahren oder Konsistenz, in verschiedene Gruppen eingeteilt:

Hartkäse

Auf der einen Seite gibt es die sehr harten, lange gereiften Reibekäse. Sie haben viele kleine bzw. gar keine Löcher und sind von fester, oft körniger Struktur. Bekannteste Sorten sind u.a. Emmentaler, italienischer Grana Padano, Parmesan und Pecorino sowie alter Gouda. Die weichen Hartkäsesorten sind von geschmeidiger Konsistenz, haben kleine Löcher und lassen sich meist nur grob reiben. Zu dieser Gruppe gehört z.B. der Bergkäse. Als Haut für Hartkäse dürfen übrigens nur Naturstoffe wie pflanzliche Öle oder Bienenwachs eingesetzt werden.

Schnitt- oder Halbhartkäse

Diese Käsesorten, zu denen Gouda, Edamer und Tilsiter gehören, sind immer saftiger und weicher als Hartkäse, da sie weniger Trockenmasse enthalten. Sie eigenen sich ideal zum Überbacken.

Halbfester Schnittkäse

Zu dieser Gruppe gehören Käsesorten, die weicher als Schnittkäse und fast so weich wie Weichkäse sind, z.B. Butterkäse und Edelpilzsorten wie Roquefort und Gorgonzola. Auch der in Salzlake eingelegte Feta-Käse gehört dazu. Bio-Käse dieser Gruppe wird oft auch aus Rohmilch hergestellt.

Weichkäse

Dazu gehören die mild-aromatischen Käsesorten mit weißer Schimmelbildung, wie z.B. Camembert und Brie, sowie die würzigen Käsesorten mit Rotschmiere wie Münster, Limburger und Romadour.

Brüh- oder Filata-Käse

Sie werden vor allem in Italien durch Überbrühen und Kneten der Käsemasse erzeugt und eignen sich hervorragend für Pasta, Salate und zum Überbacken. Bekanntester Vertreter ist der Mozzarella.

Frischkäse

Hierunter versteht man Käsesorten, die nicht reifen müssen und frisch gegessen werden, wie z.B. Quark, körniger Frischkäse, Doppelrahmfrischkäse, Schichtkäse und Ricotta. Dazu gehören auch viele Produkte aus Ziegen- und Schafsmilch. Wegen seines hohen Wassergehalts ist Frischkäse nur 1–3 Wochen haltbar.

Sauermilchkäse

Bei der Erzeugung dieser Käsesorten wird die Milch mit Milchsäurebakterien versetzt. Zu den so hergestellten Sauermilchkäsen gehören der Handkäse, Harzer Roller oder Korbkäse.

Schmelzkäse

Diese gut streichfähigen oder schnittfesten Käsesorten, die aus Hart-, Schnitt- oder Weichkäse gewonnen werden, gibt es auch als Bio-Käse.

Dickmilch

(Sauermilch) entsteht auf natürliche Weise, wenn man Rohmilch, Vorzugsmilch oder schonend pasteurisierte Landmilch bei Zimmertemperatur stehen lässt. Heute wird sie mithilfe von Milchsäurebakterien erzeugt, ist stichfest und hat einen Fettgehalt von 3,5 %. Es gibt auch fettarme Bio-Dickmilch aus Magermilch.

Kefir

wird aus Rohmilch, Vorzugsmilch und speziellen Kulturen (Kefirpilz) hergestellt. Das pikant süß-säuerlich schmeckende, kohlensäurehaltige Milchgetränk gibt es in verschiedenen Fettstufen.

Die Lagerung

Milch und Milchprodukte gehören zu den leicht verderblichen Lebensmitteln. Mit Ausnahme der haltbaren Produkte gehören sie alle nach dem Einkauf sofort in den Kühlschrank.

Was heißt „Fett i.Tr.?"

Käse gibt es in verschiedenen Fettgehaltsstufen: von der Magerstufe bis hin zur Doppelrahmstufe. Dieser Fettgehalt wird in „% Fett i. Tr." angegeben. Das bedeutet soviel wie „prozentualer Fettanteil in der Trockenmasse". Und da zum Beispiel Weichkäse nur zur Hälfte aus Trockenmasse besteht, beträgt der tatsächliche Fettgehalt am Gesamtgewicht nur etwa die Hälfte des Fettgehalts in der Trockenmasse. Bei Frischkäse beträgt der tatsächliche Fettgehalt etwa nur ein Drittel, bei Hartkäse weniger als die Hälfte.

Fette und Öle

Ganz ohne Fett können wir nicht leben. Unser Körper braucht es als Energielieferant und um die fettlöslichen Vitamine A, D, E und K aufnehmen zu können. Zudem ist Fett für verschiedene Stoffwechselvorgänge wichtig. Neben tierischem Fett wie Butter spielen vor allem Pflanzenöle in der Vollwerternährung eine große Rolle.

Butter muss aus mindestens 82 % Milchfett bestehen und darf nicht mehr als 16 % Wasser enthalten. Je nach Herstellung unterscheidet man bei Bio-Butter zwischen zwei Sorten. Süßrahmbutter wird direkt aus dem Rahm frischer Bio-Milch gewonnen. Sauerrahmbutter wird aus Rahm gewonnen, der mikrobiologisch gesäuert wurde. Der Zusatz von Milchsäurebakterien wie bei konventioneller Butter ist nicht erlaubt. Außerdem verzichten die Bio-Bauern auf die Gelbfärbung der Butter mit Karotin. Bio-Butter wird in verschiedenen Handelsklassen angeboten. Die beste Qualität ist Markenbutter, gefolgt von Molkereibutter. Wird sie direkt beim Erzeuger hergestellt, nennt sie sich „Deutsche Landbutter". Sie darf als einzige aus unerhitztem Rahm hergestellt werden. Bio-Butter ist übrigens je nach Jahreszeit im Geschmack und Aussehen unterschiedlich. Der Grund hierfür ist die unterschiedliche jahreszeitliche Fütterung. Im Sommer fressen die Kühe frisches Gras, Kräuter und Klee auf der Weide, während sie im Winter mit Heu, Getreide und Rüben gefüttert werden. Daraus resultiert eine unterschiedliche Fettzusammensetzung der Milch. Der Rahm ist im Sommer weicher als im Winter. Da dieser jedoch gleich weiterverarbeitet wird und nicht – wie bei der konventionellen Verarbeitung üblich – mit dem Winterrahm vermischt wird, ergeben sich die typischen Konsistenzunterschiede.

Butterschmalz entsteht, wenn Wasser und Eiweiß aus der Butter entfernt werden. Man kann es hoch erhitzen. Es spritzt nicht und eignet sich daher ideal zum Kochen, Backen, Braten und Frittieren.

Margarine aus dem Naturkostladen ist hauptsächlich Pflanzenmargarine. Sie muss zu mindestens 97 % aus pflanzlichen Fetten bestehen. Stammt dieser Prozentsatz auch nur von einer einzigen Pflanze, darf die Margarine entsprechend gekennzeichnet werden, z.B. aus reinem Soja- oder Olivenöl. Bei der Herstellung von Margarine aus ökologischen Zutaten werden von Natur aus feste Fette wie Palmöl oder Palmkernfett verwendet, die mit hochwertigen, schonend gepressten und nicht raffinierten Ölen vermischt werden und ihre Konsistenz ausschließlich durch Kälteeinwirkung erhalten. Dadurch kommt es zu keinem Verlust an fettlöslichen essenziellen, also lebenswichtigen, vom Körper nicht selbst produzierbaren Fettsäuren.

Bio-Schmalz wird aus kaltgepresstem Sonnenblumenöl hergestellt und mit Äpfeln, Zwiebeln und grobem Meersalz verfeinert. Durch seine streichzarte Konsistenz eignet es sich als Brotaufstrich, ist aber auch ideal zum Dünsten, Kochen und Kurzbraten. Es ist reich an Linolsäure und cholesterinfrei.

Speiseöle werden durch Pressung von Ölsaaten, Kernen, Samen, Nüssen, Pflanzen und Früchten gewonnen. Die Bezeichnung „kaltgepresst" ist allerdings irreführend. Zum einen entstehen durch den Pressvorgang Temperaturen zwischen 60 und 80 °C, zum

anderen ist diese Bezeichnung nicht geschützt. Eher kann man sich auf die Bezeichnungen „Erste Pressung" oder „Jungfernöl" verlassen. Bio-Öle sind gepresst und nicht raffiniert. Sie werden direkt nach dem Pressen

lediglich gefiltert und abgefüllt. Außerdem enthalten sie keine chemischen Rückstände oder Beimengungen. Die Vitamine bleiben erhalten. Nachfolgend finden Sie die wichtigsten Ölsorten:

Distelöl hat mit 94 % den höchsten Anteil an ungesättigten Fettsäuren. Damit sie erhalten bleiben, sollte es nur für Salate verwendet und nicht erhitzt werden. Es hat einen milden Eigengeschmack, ist allerdings nicht lange haltbar.

Sesamöl hat einen hohen Gehalt an Linolsäure und Lezithin. Das leicht nussig schmeckende Öl ist für Rohkost und zum Dünsten geeignet.

Sonnenblumenöl hat 92 % ungesättigte Fettsäuren, 72 % Linolsäure und einen hohen Anteil an Vitamin C. Es schmeckt mild, verträgt auch höhere Temperaturen und ist relativ gut haltbar.

Sojaöl aus biologischem Anbau enthält viele ungesättigte Fettsäuren und hochwertiges Eiweiß. Es schmeckt intensiv nach Bohnen und wird schnell ranzig.

Maiskeimöl besitzt einen typischen Maisgeschmack, eignet sich für Salate, aber auch zum Dünsten.

Leinöl hat einen würzigen, intensiven Geschmack und passt ideal zu kräftigen Salaten. Aufgrund seines hohen Anteils an ungesättigter Linol- und Linolensäure wird es schnell ranzig.

Rapsöl eignet sich zum Backen, Braten und Dünsten. Es ist sehr gut und lange haltbar.

Walnussöl hat ein ausgeprägtes Nussaroma, wird aber leicht ranzig.

Olivenöl eignet sich hervorragend für Salate, aber auch zum Dünsten, Braten und Backen. Von bester bzw. guter Qualität sind kaltgepresstes „natives Olivenöl extra" und kaltgepresstes „natives Olivenöl". Beide stammen aus erster Pressung.

Alle kaltgepressten Öle sollten Sie am besten gut verschlossen und kühl aufbewahren.

Essig und Salz

Schon die Ägypter und Babylonier wussten, wie man Essig macht. Sie ließen dafür Wein oder Bier an warmen Tagen offenstehen. Durch die Oxidation verwandelte sich die Flüssigkeit in Essig. Und auch die für die Naturkost relevanten Essige werden heute noch zum größten Teil auf traditionelle Weise hergestellt. Dabei verwendet man ungespritzte Trauben, Früchte und Kräuter aus Öko-Anbau. Zu den bekanntesten Mitgliedern der Essig-Familie gehören u.a.:

Echter bzw. reiner Weinessig wird aus 100 % Rot- oder Weißwein hergestellt. Rotweinessig ist kräftiger, Weißweinessig milder im Geschmack. Die besten Weinessigsorten reifen in Eichenfässern. Obstessig wird aus dem Most verschiedener Früchte gewonnen. Bekanntester Vertreter ist der Apfelessig. Diese Essige sind besonders mild und fruchtig.

Aromatisierter Essig aus biologischem Anbau besteht aus echtem Weinessig, der mit Kräutern, Gewürzen, Früchten oder Fruchtsäften aromatisiert wurde. Je nach Zusatz unterscheidet man zwischen Frucht- und Kräuteressig.

Balsamessig wird aus dem ungeschwefelten Most der italienischen Trebbiano-Trauben hergestellt und in der Regel in Eichen- oder Kastanienfässern gelagert.

Besonders wertvoll ist der aus Modena oder der Reggio Emilia stammende Aceto balsamico tradizionale oder naturale. Er lagert mindestens 12 Jahre. Balsamessig aus dem Naturkostladen ist weder mit Zuckercouleur gefärbt noch mit Aromen versetzt. Etwas gilt für alle Sorten: Bewahren Sie Essig immer kühl und dunkel auf.

Salz

Salz ist das älteste Würzmittel überhaupt und war einst kostbare Handelsware. Heute gehen wir jedoch oft zu gedankenlos und verschwenderisch damit um und gefährden so unsere Gesundheit. Im Gegensatz zum konventionellen raffinierten Kochsalz verwendet man in der Bio-Küche vor allem folgende Sorten:

Meersalz wird vor allem an der portugiesischen und französischen Atlantikküste gewonnen. Es ist reich an Mineralien und Spurenelementen. Das überwiegend ungewaschene, ungebleichte und unraffinierte Salz gibt es in verschiedenen Körnungen.

Steinsalz wird unter Tage abgebaut. Das unraffinierte Salz enthält ebenfalls viele Mineralien und Spurenelemente, sieht aber im Vergleich zum weißen Kochsalz grau und schmutzig aus.

Honig und Süßungsmittel

Süß ist eine Geschmacksrichtung, die in unserer Ernährung unentbehrlich geworden ist. Zucker ist süß, aber weißer, „raffinierter" Zucker ist ungesund. In der Bio-Küche werden darum ausschließlich natürliche oder naturbelassene Süßungsmittel verwendet. Dazu gehören u.a.

Honig

Hier unterscheidet man je nach Herkunft zwischen hellem, süßem Blütenhonig (z.B. Rapshonig oder Lindenblütenhonig) und dem dunkleren, aromatisch-würzigen Honigtauhonig (z.B. Tannen- oder Fichtenhonig). Honig aus organisch kontrolliertem Anbau unterliegt strengen Richtlinien, wobei die der einzelnen Anbauverbände noch wesentlich strikter sind als die EU-Öko-Verordnung. So darf z.B. im Umkreis von drei Kilometern die Weide mit den Bienenvölkern nur aus Pflanzen des Öko-Anbaus oder Wildpflanzen bestehen. Die Stöcke müssen aus natürlichen Materialien bestehen. Der Imker lässt dem Bienenvolk die Freiheit, sich auf natürliche Weise zu entfalten und die Waben aus eigener Kraft zu bauen. Bei artgerechter Haltung entnimmt der Imker nur reifen Honig und schleudert ihn in einer Zentrifuge heraus. Dann wird er gefiltert und abgefüllt. Die wertvollen Inhaltsstoffe bleiben erhalten und werden nicht durch Erhitzen, wie bei konventionell gewonnenem Honig, erheblich reduziert.

Da die Produktion der deutschen Bio-Imker für die Nachfrage nicht ausreicht, werden Honige aus Mexiko, Argentinien, Neuseeland und einigen europäischen Ländern in den Bio-Länden verkauft, die aber

nach EU-Regeln kontrolliert und zertifiziert werden. Honig sollten Sie immer kühl und trocken lagern.

Apfel- und Birnenkraut

besteht aus Äpfeln, Birnen oder einer Mischung aus beiden aus kontrolliert-biologischem Anbau. Sie werden ohne Geliermittel und ohne chemische Konservierungsstoffe eingedickt. Da beides sehr süß ist, sollte man es nur sehr sparsam verwenden. Das Gleiche gilt auch für Apfel- und Birnendicksaft, einem durch Erhitzen eingedickten Obstsaft.

Zuckerrübensirup

ist eingedickter Saft aus gekochten Zuckerrüben aus kontrolliert-biologischem Anbau. Er enthält Mineralstoffe und B-Vitamine, aber auch bis zu 60 % Zucker. Der Sirup eignet sich, wie übrigens auch das Rübenkraut, zum Süßen von Quarkspeisen, Desserts und Gebäck. Im Rheinland liebt man ihn auch als Brotaufstrich.

Ahornsirup

wird aus dem Saft wild wachsender Zucker-Ahornbäume gewonnen. Der süße Nährsaft der Bäume wird bis zu fünfzigmal gekocht. Für einen Liter Sirup braucht man 40-50 Liter Saft. Der dünnflüssige Ahornsirup, der im Naturkosthandel angeboten wird, stammt aus kontrolliert biologischem Anbau aus Kanada und USA. Die Qualitätsstufen A und B sind die besten. Man erkennt sie an ihrer hellen, bernsteinähnlichen Farbe und ihrem milden Aroma. Ahornsirup ist, einmal angebrochen, nur begrenzt im Kühlschrank haltbar.

Vollrohrzucker

auch Zuckerrohrgranulat oder Ursüße genannt, ist der getrocknete, unraffinierte Saft des Zuckerrohrs. Er enthält viele Mineralien wie Kalium, Magnesium, Phosphor und Eisen sowie die Vitamine B1, B2 und B6. Da er sehr süß ist, bitte nur sparsam verwenden.

Garmethoden

Zartes Fleisch, aromatisches Gemüse, feinster Fisch - wie gut das Essen gelingt, ist nicht nur eine Frage des Könnens, sondern auch der richtigen Technik. Hier ein Überblick über die wichtigsten Garmethoden:

Dämpfen

Beim Dämpfen, auch Dampfgaren genannt, werden die Nahrungsmittel in einem Wasserdampf-Luft-Gemisch bei Temperaturen um die 100 °C gegart. Es ist die sanfteste Art der Zubereitung, denn beim Dämpfen gehen kaum Mineralstoffe und Vitamine verloren. Alle Speisen behalten ihr typisches Aroma. Mit Ausnahme von Hülsenfrüchten, Weiß-, Rot- und Grünkohl sowie Spargel können Sie alle Nahrungsmittel dämpfen. Ideal ist diese Methode auch beim Auftauen und Wiedererhitzen von Speisen.

Dämpfen kann man auf verschiedene Weise:

- im normalen Kochtopf mit Siebeinsatz
- im Dampfkorb
- im Dampfkochtopf
- im speziellen Dampfbackofen

Dünsten

Unter Dünsten versteht man das Garen von Lebensmitteln im eigenen Saft unter Zugabe von etwas Fett und Flüssigkeit. Gedünstet wird im geschlossenen Topf oder in Alufolie bei einer Temperatur von 100 °C. Besonders ideal für wasserreiche Lebensmittel wie Gemüse, Fisch, zartes Fleisch und Obst.

Garen mit Niedrigtemperatur

Diese Methode wird vor allem von Koch-Profis genutzt und ist ein Garant für superzartes Fleisch.

Das Fleisch wird meist kurz und kräftig angebraten, damit es wenig Saft verliert und dann bei 80 - 100 °C im Ofen über Stunden gegart. Übrigens kommt es beim Niedrigtemperaturgaren nicht auf die Minute an. Selbst zartes Filet wird nicht zäh, wenn es noch länger im Ofen bleibt.

Pochieren

Pochieren oder auch Garziehen nennt man das Garen in Flüssigkeit bei Temperaturen unterhalb des Siedepunktes. Diese Garmethode eignet sich vor allem für zartes Fleisch, Fisch, Geflügel, Obst, Knödel und Eier.

Garen im Wasserbad

Darunter versteht man das Erwärmen, Schmelzen und Garen von empfindlichen Speisen in einem offenen oder geschlossenen Gefäß, das in heißem oder siedendem Wasser hängt. Im Wasserbad schlägt man Eierstich, Eiercremes, Schokolade und Saucen. Dafür erhitzt man in einem großen Topf das Wasser auf etwa 80 °C. In das Wasserbad stellt man nun eine Schüssel mit der Creme, die ständig gerührt werden muss. Feine Cremes, aber auch klassische Terrinen, werden im Wasserbad im Backofen gegart.

Kochen (Sieden)

Kochen bedeutet, eine Flüssigkeit in einem geschlossenen oder offenen Topf zum Sieden zu bringen. Gekocht werden in der Regel Fleisch, Eier, Nudeln, Kartoffeln und Reis.

Schmoren

Dafür werden Fleisch- oder Gemüsegerichte zuerst angebraten und dann im geschlossenen Topf unter Zugabe von wenig Flüssigkeit auf niedriger Herdstufe bei ca. 100 °C gegart. Wichtig beim Schmoren: Der Topfboden muss

ständig mit Flüssigkeit bedeckt sein und der Deckel fest auf dem Topf liegen.

Braten

Kleine und flache Lebensmittel wie Frikadellen, Fleischscheiben, Gemüse und Würste brät man am besten in einer Pfanne auf dem Herd. Im Backofen wird vornehmlich großes Gargut wie Braten, ganze Fische oder Geflügel gebraten, und zwar bei Temperaturen zwischen 160 und 250 °C.

Grillen

Beim Grillen gart das Gargut durch starke Strahlungshitze. Zum Grillen eignen sich vor allem Fleisch, Fisch und Geflügel, aber auch Gemüse und Obst. Man kann über Holzkohle, im Kontaktgrill, im Grillgerät oder im Backofengrill grillen.

Backen

Darunter versteht man das Garen im geschlossenen Backofen in heißer Luft bei Temperaturen zwischen 150 und 220 °C. Backen kann man Brot, Aufläufe, Kuchen, Gratins, Speisen im Teigmantel und Teige.

Gratinieren

So nennt man das Überbacken von Gerichten, bis sie goldbraun sind oder eine leichte Kruste haben. Zum Gratinieren im Backofen oder unter dem Grill eignen sich fast alle Lebensmittel.

Frittieren

Hierunter versteht man das Ausbacken in reichlich Fett bei Temperaturen von 180–200 °C. Das geht in einem einfachen Topf oder in einer Fritteuse. Zum Frittieren eignen sich alle panierten und in Backteig gehüllten Fleisch-, Geflügel- und Fischstücke sowie Kartoffeln, Gemüse und Schmalzgebäck.

Saisonkalender

Legende: 🟢 = Haupterntezeit 🟡 = Vor- bzw. Nachsaison

Gemüse	Jan.	Feb.	März	April	Mai	Juni	Juli	Aug.	Sep.	Okt.	Nov.	Dez.
Artischocken					🟢	🟢			🟡	🟢	🟢	🟢
Auberginen	🟡	🟡	🟡	🟡	🟢	🟢	🟢	🟢	🟢	🟡	🟡	🟡
Blumenkohl	🟡	🟡	🟡	🟡	🟢	🟢	🟢	🟢	🟢	🟢	🟢	🟡
Bohnen, grüne						🟢	🟢	🟢	🟢	🟢	🟡	
Brokkoli						🟡	🟢	🟢	🟢	🟢	🟢	🟡
Chinakohl	🟢	🟢	🟢	🟢	🟢	🟢	🟢	🟢	🟢	🟢	🟢	🟢
Erbsen						🟢	🟢	🟢	🟡			
Fenchel	🟡	🟡	🟡	🟡		🟢	🟢	🟢	🟢	🟢	🟢	🟢
Frühlingszwiebeln	🟡	🟡	🟡	🟡	🟡	🟢	🟢	🟢	🟢	🟢	🟡	🟡
Grünkohl	🟢	🟢	🟡							🟡	🟢	🟢
Gurken				🟡	🟡	🟢	🟢	🟢	🟢	🟢	🟡	
Karotten	🟡	🟡	🟡	🟡	🟡	🟢	🟢	🟢	🟢	🟢	🟢	🟡
Kohlrabi	🟡	🟡	🟡	🟡	🟡	🟢	🟢	🟢	🟢	🟢	🟢	🟡
Kürbis								🟡	🟢	🟢	🟢	🟡
Lauch	🟢	🟢	🟡	🟡	🟡	🟡	🟡	🟡	🟢	🟢	🟢	🟢
Mais								🟡	🟢	🟢		
Mangold					🟡	🟢	🟢	🟢	🟢	🟢	🟡	
Paprikaschoten				🟡	🟡	🟢	🟢	🟢	🟢	🟢	🟡	
Pastinaken	🟢	🟢	🟢	🟢	🟢						🟢	🟢
Petersilienwurzeln	🟡	🟡	🟡					🟡	🟡	🟢	🟢	🟢
Radieschen	🟡	🟡	🟡	🟡	🟢	🟢	🟢	🟢	🟢	🟡	🟡	
Rettich	🟡	🟡	🟡	🟡	🟢	🟢	🟢	🟢	🟢	🟢	🟡	🟡
Romanesco						🟢	🟢	🟢	🟢	🟢	🟡	
Rosenkohl	🟢	🟢	🟡						🟡	🟢	🟢	🟢
Rote Bete	🟢	🟢	🟡	🟡	🟡	🟡	🟡	🟡	🟢	🟢	🟢	🟢
Rotkohl	🟡	🟡	🟡	🟡	🟡	🟡	🟡	🟢	🟢	🟢	🟢	🟡
Schwarzwurzeln	🟡	🟡	🟡							🟡	🟢	🟢
Sellerie (Knolle)	🟢	🟢	🟡	🟡	🟡	🟡	🟡	🟡	🟢	🟢	🟢	🟢
Sellerie (Staude)	🟡	🟡	🟡	🟡	🟡	🟡	🟢	🟢	🟢	🟢	🟡	
Spargel				🟡	🟢	🟢						
Spinat			🟡	🟢	🟢	🟢	🟡	🟡	🟢	🟢	🟢	🟡
Spitzkohl				🟡	🟢	🟢	🟢	🟢	🟢	🟢		
Tomaten	🟡	🟡	🟡	🟡	🟡	🟡	🟢	🟢	🟢	🟢	🟡	🟡
Weißkohl	🟡	🟡	🟡	🟢	🟢	🟡	🟡	🟡	🟢	🟢	🟢	🟡
Wirsing	🟡	🟡	🟡	🟡	🟢	🟢	🟢	🟢	🟢	🟢	🟢	🟡
Zucchini				🟡	🟡	🟢	🟢	🟢	🟢	🟢	🟡	
Zuckerschoten						🟡	🟢	🟢	🟢	🟢		

Salate	Jan.	Feb.	März	April	Mai	Juni	Juli	Aug.	Sep.	Okt.	Nov.	Dez.
Chicorée	🟢	🟢	🟢	🟢					🟡	🟢	🟢	🟢
Eichblattsalat	🟢	🟢	🟢	🟢	🟡					🟢	🟢	🟢
Eisbergsalat	🟡	🟡	🟡	🟡	🟡	🟢	🟢	🟢	🟢	🟢	🟡	🟡
Endiviensalat						🟡	🟡	🟢	🟢	🟡		
Feldsalat	🟢	🟢	🟢	🟢	🟢				🟢	🟢	🟢	🟢
Friséesalat						🟡	🟢	🟢	🟢	🟢	🟡	
Kopfsalat			🟢	🟢	🟢	🟢	🟢	🟢	🟢	🟢		
Lollo Rosso/Bionda				🟢	🟢	🟢	🟢	🟢	🟢	🟡		
Löwenzahn			🟢	🟢	🟡							
Radicchio	🟡	🟡	🟢	🟢						🟢	🟢	🟢
Rucola				🟡	🟢	🟢	🟢	🟢	🟢	🟢	🟢	
Römischer Salat								🟢	🟢	🟢	🟢	
Sauerampfer				🟢	🟢	🟢	🟡					

Heimisches Obst	Jan.	Feb.	März	April	Mai	Juni	Juli	Aug.	Sep.	Okt.	Nov.	Dez.
Äpfel						🟡	🟡		🟢	🟢	🟢	🟢
Aprikosen						🟡	🟢	🟢				
Birnen							🟡	🟢	🟢	🟢	🟡	
Brombeeren							🟡	🟢	🟢	🟡		
Erdbeeren					🟢	🟢	🟢	🟡	🟡			
Heidelbeeren							🟢	🟢	🟢			
Himbeeren					🟡	🟢	🟢	🟢	🟢			
Holunderbeeren									🟢	🟢		
Johannisbeeren						🟡	🟢	🟢	🟡			
Kirschen						🟢	🟢	🟢				
Mirabellen								🟢	🟢			
Nektarinen						🟡	🟢	🟢	🟢			
Nüsse							🟡	🟡	🟢	🟢	🟢	🟡
Pfirsiche							🟢	🟢	🟢			
Pflaumen							🟡	🟢	🟢	🟡		
Preiselbeeren								🟢	🟢	🟢		
Quitten									🟡	🟢	🟢	🟡
Renekloden							🟢	🟢	🟢			
Rhabarber				🟢	🟢	🟢	🟡					
Stachelbeeren						🟢	🟢	🟢	🟢			
Weintrauben								🟡	🟡	🟢		
Zwetschgen							🟢	🟢	🟢			

🟢 = Haupterntezeit   🟡 = Vor- bzw. Nachsaison

SNACKS UND KLEINE GERICHTE

KNOBLAUCH-GARNELEN

Für 4 Portionen

5 Knoblauchzehen
1/2 Bund Petersilie
24 große, geschälte
Garnelen
3 El Olivenöl
1 getrocknete rote
Chilischote
100 ml Gemüsebrühe
Holzspießchen

Zubereitungszeit: ca. 10 Minuten
(plus Garzeit)

Pro Portion ca. 221 kcal/927 kJ
23 g E · 13 g F · 8 g KH

Den Backofen auf 200 °C vorheizen. Knoblauch schälen und fein hacken. Petersilie waschen, trocken schütteln und die Blättchen fein hacken. Garnelen waschen und abtropfen lassen, eventuell vorher entdarmen.

Das Öl erhitzen und Knoblauch darin bei milder Hitze anbraten. Die Chilischote zerbröseln und zufügen. Petersilie 2 Minuten unter Rühren mitdünsten.

Die Garnelen zugeben und die Gemüsebrühe angießen. Im vorgeheizten Backofen etwa 15 Minuten garen lassen. In jede Garnele ein Holzspießchen stecken und Garnelen in dem Sud servieren. Dazu passt Weißbrot.

LACHSSTREIFEN MIT ZIEGENKÄSE

Für 4 Portionen

700 g Lachsfilet ohne Haut
150 g Ziegenfrischkäse
3 El Semmelbrösel
Salz
Pfeffer
je 1 Bund
glatte Petersilie, Dill
und Kerbel
1/2 Bund Liebstöckel
1 Kästchen Kresse
1 El Preiselbeer-Konfitüre
2 El Apfelessig
2 El Rapsöl
Honig
Fett für die Form

Zubereitungszeit: ca. 20 Minuten
(plus Garzeit)

Pro Portion ca. 429 kcal/1803 kJ
37 g E · 28 g F · 7 g KH

Das Lachsfilet kalt abspülen und trocken tupfen. Den
Fisch in 8 Streifen schneiden. Den Backofen auf 250 °C
vorheizen.

Den Ziegenkäse mit den Semmelbröseln mischen
und mit Salz und Pfeffer würzen. Eine ofenfeste Form
einfetten und den Fisch hineingeben und salzen.
Ziegenkäsecreme auf den Fisch geben und im Backofen
etwas 10 Minuten backen.

Kräuter kalt abspülen und die Blättchen von den
Stielen zupfen. Die Kresse abschneiden und waschen. Alle
Kräuter in der Salatschleuder trocken schleudern.

Preiselbeer-Konfitüre mit Essig und Öl verrühren und
mit Salz, Pfeffer und etwas Honig abschmecken. Die
Kräuter auf Teller verteilen, mit der Vinaigrette beträufeln und den Fisch auf dem Kräuterbett anrichten.

Für 4 Portionen

1 dünne Aubergine
(ca. 300 g)
Salz
200 g Putenbrustfilet
1/2 Eiweiß
1 Tl Sesamöl
1 El Soja-Sauce
1 Stück frischer Ingwer
(ca. 0,5 cm)
1 rote Chilischote
Pfeffer
Mehl
Öl zum Frittieren
Alfalfasprossen zum
Garnieren

Zubereitungszeit:
ca. 15 Minuten
(plus Zeit zum Ziehen
und Frittierzeit)

Pro Portion ca. 338 kcal/1418 kJ
15 g E · 26 g F · 11 g KH

AUBERGINEN-PLÄTZCHEN

Die Aubergine putzen, waschen und quer in 0,5 cm dicke Scheiben schneiden. Scheiben mit Salz bestreuen und 30 Minuten ziehen lassen. Anschließend abwaschen und mit Küchenpapier trocken tupfen.

Für die Füllung die Putenbrust grob zerkleinern und in einen Mixer geben. Das Eiweiß mit dem Sesamöl und der Soja-Sauce hinzufügen. Den Ingwer schälen und grob zerkleinert ebenfalls hinzufügen. Die Chilischote putzen, waschen und halbieren, Stielansatz und Kerne entfernen. Die Schote ebenfalls in den Mixer geben. Alles fein pürieren und mit Salz und Pfeffer würzen.

Auberginenscheiben je nach Größe eventuell halbieren. Die Hälfte der Scheiben mit etwas Füllung bestreichen. Die restlichen Scheiben aufsetzen und andrücken. Auberginenhäppchen in etwas Mehl wenden. Das Öl erhitzen und die Häppchen darin nacheinander goldbraun frittieren. Herausnehmen und auf Küchenpapier abtropfen lassen. Die Taler mit Alfalfasprossen garniert servieren.

FEUILLETÉ MIT ZANDER

Für 4 Portionen

200 g TK-Blätterteig
500 g grüner Spargel
Salz
1 Eigelb
200 g Zanderfilet
75 ml trockener Weißwein
1 gehackte Schalotte
200 g Butter, eisgekühlt
Pfeffer
1 El Zitronensaft
2 El Crème fraîche
1 Bund Kerbel
Mehl zum Ausrollen

Zubereitungszeit: ca. 20 Minuten
(plus Gar- und Backzeit)

Pro Portion ca. 480 kcal/2016 kJ
15 g E · 39 g F · 18 g KH

Den Blätterteig antauen lassen. Den Backofen auf 225 °C vorheizen. Spargel am unteren Ende schälen und das Stielende abschneiden. In Salzwasser ca. 8 Minuten bissfest kochen, herausnehmen und abtropfen lassen. 75 ml Brühe abmessen und beiseitestellen.

Den Blätterteig auf etwas Mehl ca. 5 mm dünn ausrollen, in 4 gleich große Rechtecke schneiden, mit verquirltem Eigelb bestreichen und im vorgeheizten Backofen 5–8 Minuten goldbraun backen.

Fisch waschen, trocken tupfen, in 4 Portionen schneiden und 4–5 Minuten gar dämpfen. Spargelbrühe mit Wein und Schalotte auf die Hälfte einkochen.

Kalte Butter in Flocken unterrühren. Mit Pfeffer, Salz und Zitronensaft abschmecken, nicht mehr kochen. Crème fraîche unterheben. Kerbel waschen, trocken schütteln, Blättchen abzupfen und zur Sauce geben.

Die Blätterteig-Rechtecke aufschneiden. Die Spargelstangen halbieren und auf die Blätterteigböden legen. Darauf je 1 Stück Fisch anrichten, mit Sauce beträufeln und mit dem Blätterteigdeckel abdecken.

Für 4 Portionen

8 Scheiben geräucherter
Lachs à 30 g
1 El Senf
1 El Honig
frisch gemahlener Pfeffer
1 Bund Dill
4 Eisbergsalat-Blätter
1 Möhre
1 Stück frischer
Meerrettich (ca. 1 cm)
1 El Zitronensaft
Kresse und
Zitronenscheiben zum
Garnieren

Zubereitungszeit: ca. 15 Minuten

Pro Portion ca. 131 kcal/551 kJ
13 g E · 4 g F · 10 g KH

RÄUCHERLACHS AUF MÖHREN

Die Lachsscheiben nebeneinander auf eine Arbeitsfläche legen. In einer Schüssel den Senf mit dem Honig und etwas Pfeffer verrühren.

Dill waschen, trocken schütteln und klein hacken. Dill mit der Senf-Honig-Masse vermischen. Die Lachsscheiben damit bestreichen.

Die Salatblätter waschen und abtrocknen, den dicken Rippenansatz entfernen und die Blätter der Länge nach halbieren. Lachsscheiben mit den Salatblattstreifen belegen und aufrollen.

Die Möhre putzen, waschen und mit einem Sparschäler dünne Spiralen abschälen. Möhrenspiralen anrichten und die Lachsröllchen darauf anrichten.

Den Meerrettich frisch darüberreiben und alles mit dem Zitronensaft beträufeln. Mit Kresse und Zitronenscheiben garnieren und servieren.

STEINPILZ-KARTOFFEL-KUCHEN

Den Backofen auf 220 °C (Umluft 200 °C) vorheizen. Quark mit Milch, Öl, 1 Ei und etwas Salz verrühren. Das Mehl mit Backpulver mischen und unter die Quark-Öl-Masse rühren, bis ein geschmeidiger Teig entsteht. Den Teig in eine gefettete Springform (26 cm Durchmesser) legen und an den Rändern gut festdrücken.

Die Kartoffeln pellen und in Scheiben schneiden. Die Steinpilze putzen, feucht abreiben und ebenfalls in Scheiben schneiden. Die Zwiebel schälen und würfeln.

50 g Butter erhitzen und die Zwiebel darin andünsten. Die Pilzscheiben zufügen und nach 3 Minuten die Kartoffelscheiben. Alles mit Salz, Pfeffer, Muskatnuss und Koriander abschmecken.

Die Pilz-Kartoffel-Mischung auf den Teig geben und den Kuchen im Ofen etwa 25 Minuten backen. Die restliche Butter erhitzen, bis sie klar ist. Dann abkühlen lassen. Die restlichen Eier trennen. Die klare Butter mit dem Eigelb verrühren. Über den Kuchen geben und weitere 5 Minuten im Ofen backen. Warm servieren.

Für 12 Stücke

300 g Kartoffeln,
mit Schale gegart
Salz
125 g Magerquark
3 El Milch
4 El Öl
5 Eier
200 g Mehl
1/2 Tl Backpulver
300 g Steinpilze
1 Zwiebel
200 g Butter
Pfeffer
1/2 Tl gemahlene
Muskatnuss
1/2 Tl gemahlener
Koriander
Fett für die Form

Zubereitungszeit: ca. 25 Minuten
(plus Backzeit)

Pro Stück ca. 251 kcal/1054 kJ
8 g E · 17 g F · 17 g KH

Zutaten für 8 Portionen

Für die Beize
1 Zitrone
2 Bund Dill
1 Bund glatte Petersilie
2 EL grobes Meersalz
$1/2$ TL grob gemahlener
Pfeffer
1 große, küchenfertige
Lachsforelle
(etwa 1,5 kg mit Haut,
aber ohne Gräten)

Für die Sauce
1 Bund Dill
2 EL flüssiger Honig
1-2 EL Meerrettich
(aus dem Glas)
1 Becher Crème fraîche
Salz
Pfeffer

Zubereitungszeit: ca. 30 Minuten
(plus Beizzeit)

Pro Portion ca. 348 kcal/1463 kJ
35 g E · 22 g F · 3 g KH

GEBEIZTE LACHSFORELLE

Für die Beize die Zitrone heiß abspülen, trocken tupfen und die Schale fein abreiben. Die Kräuter waschen, trocken schütteln und fein hacken. Alles mit Salz und grobem Pfeffer mischen.

Den Fisch innen und außen abspülen, trocken tupfen und aufklappen. Die Beize in den Innenraum verteilen, dann die Lachsforelle wieder zusammenklappen, sodass die gewürzten Seiten aufeinanderliegen.

Den Fisch fest in Klarsichtfolie wickeln und auf eine Platte legen. Ein Brett auf den Fisch legen und beschweren (z. B. mit Konservendosen). Drei Tage im Kühlschrank durchziehen lassen. Danach die Lachsforellenhälften auseinanderklappen und schräg in hauchdünne Scheiben schneiden.

Für die Sauce den Dill fein schneiden und mit Honig, Meerrettich und Crème fraîche verrühren. Sauce mit Salz und Pfeffer würzen und zur Lachsforelle reichen.

EIER-KRÄUTER-TARTELETTES

Für 4 Portionen

6 Eier
250 ml Milch
4 El fein gewiegte Kräuter,
z. B. Bärlauch,
Petersilie, Dill
Salz
Pfeffer
250 g grüner Spargel
2 Knoblauchzehen
3 El Olivenöl
200 g Kirschtomaten
$1/2$ Bund Schnittlauch
8 salzige Tartelettes

Zubereitungszeit: ca. 30 Minuten
(plus Koch- und Bratzeit)

Pro Portion ca. 402 kcal/1689 kJ
20 g E · 20 g F · 29 g KH

Die Eier aufschlagen und mit Milch, Kräutern, etwas Salz und Pfeffer verrühren. Den Spargel waschen, das untere, holzige Ende abschneiden und die Stangen in ca. 3 cm lange Stücke schneiden. Ca. 5 Minuten in leicht gesalzenem Wasser garen.

Die Knoblauchzehen schälen und mit etwas Salz in einem Mörser zerdrücken. Die Spargelstückchen mit dem Knoblauch im heißen Olivenöl ca. 7 Minuten braten. Die Eier-Kräuter-Masse dazugießen. Bei milder Hitze ca. 5 Minuten stocken lassen.

Die Tomaten waschen und in dünne Scheiben schneiden. Den Schnittlauch waschen, trocknen und in feine Röllchen schneiden. Den Boden der Tartelettes mit der Eier-Spargel-Mischung belegen und mit den Tomatenscheiben bedecken. Alles mit Schnittlauch bestreut servieren.

GARNELEN-LACHS-TERRINCHEN

Den Backofen auf 160 °C vorheizen. Das Lachsfilet salzen und pfeffern und fest in geölte Alufolie einpacken. Das Päckchen im vorgeheizten Backofen etwa 10 Minuten garen. Dann die Folie vorsichtig entfernen und den Sud dabei auffangen. 4 Gratinförmchen mit kaltem Wasser ausspülen und mit Klarsichtfolie auslegen. Gelatine in kaltem Wasser einweichen. Den Dill waschen und trocken schütteln. Jeweils einen kleinen Zweig auf den Boden einer Form legen. Den Rest klein hacken und beiseitestellen.

Den Dillzweig mit jeweils 1 Stück Räucherlachs bedecken. Den abgekühlten Lachs sehr fein würfeln. Mit Mayonnaise, Crème double, Fischsud, restlichem Dill und Zitronensaft vermischen, Garnelen unterheben. Gelatine ausdrücken und in einem Topf bei geringer Wärme auflösen. Dann unter die Fischmasse mischen.

Die Masse salzen, pfeffern und in die Förmchen verteilen. Förmchen einige Mal etwas aufstampfen, damit die Luft entweichen kann. Die Masse mit der überhängenden Klarsichtfolie abdecken und über Nacht im Kühlschrank fest werden lassen. Zum Servieren die Terrinen auf Teller stürzen.

Für 4 Portionen

250 g frisches Lachsfilet
Salz
frisch gemahlener schwarzer Pfeffer
2 Blatt weiße Gelatine
5 Zweige Dill
2 Scheiben geräucherter Lachs
3 1/2 El Mayonnaise
3 1/2 El Crème double
Saft von 1/2 Zitrone
40 g gegarte Garnelen
etwas Öl zum Bestreichen

Zubereitungszeit: ca. 30 Minuten (plus Gar- und Kühlzeit)

Pro Portion ca. 183 kcal/768 kJ
17 g E · 11 g F · 4 g KH

Für 4 Portionen

250 g Bulgur
2 mittelgroße Auberginen
2 Knoblauchzehen
1 rote Chilischote
1 Tl Speisestärke
1 große Zwiebel
$1/2$ Tl gemahlener Piment
$1/2$ Tl gemahlener
Koriander
Salz
Sonnenblumenöl zum
Braten
1 Bund Petersilie

Zubereitungszeit: ca. 20 Minuten
(plus Zeit zum Einweichen
und Braten)

Pro Portion ca. 578 kcal/2426 kJ
40 g E · 5 g F · 93 g KH

Bulgur-Kibbeh

Den Bulgur in einer Schüssel knapp mit Wasser bedecken und 20 Minuten einweichen. Die Auberginen waschen, putzen und grob zerkleinern, den Knoblauch schälen und grob hacken. Die Chilischote waschen, längs halbieren, Kerne und Stielansatz entfernen.

Den Bulgur durch ein feines Sieb abgießen, abtropfen lassen und in eine Schüssel geben. Das Gemüse im Mixer pürieren und zum Bulgur geben. Die Stärke mit wenig Wasser anrühren und zu der Mischung geben. Die Zwiebel schälen, hacken und mit den Gewürzen und etwas Salz hinzufügen. Die Masse mit den Händen gut verkneten, Bällchen formen und diese etwas flach drücken.

In einer Pfanne das Öl erhitzen und die Kibbeh darin bei mittlerer Hitze goldbraun braten. Das Fett auf Küchenpapier abtropfen lassen, die Petersilie waschen, trocken schütteln und hacken. Die Kibbeh mit Petersilie bestreut servieren.

PUTENRÖLLCHEN

Den Apfelsaft in einen Topf geben. Den Knoblauch und den Ingwer schälen, anschließend beides klein hacken und dazugeben. Chilischote zerbröseln und ebenfalls hinzufügen. Mit Aprikosen, Sojasauce und Sternanis aufkochen und alles 12 Minuten leicht köcheln lassen. Aprikosen herausnehmen und den Sud beiseitestellen.

Das Putenbrustfilet waschen und abtrocknen. Anschließend in etwa 10 cm lange und 1 cm dicke Streifen schneiden. Die Streifen um die Aprikosen wickeln und mit einem Holzspießchen feststecken.

Das Öl in einer Pfanne erhitzen und die Spieße von beiden Seiten je etwa 5 Minuten braten. Anschließend salzen und pfeffern.

Den Joghurt mit dem Aprikosensud verrühren. Mit Salz und Pfeffer würzen. Petersilie waschen, trocken schütteln, klein hacken und unterrühren. Dip zu den Spießen servieren.

Für 4 Portionen

150 ml Apfelsaft
1 Knoblauchzehe
1 Stück frischer Ingwer
(ca. 2 cm)
1 rote, getrocknete
Chilischote
200 g getrocknete Aprikosen
2 El Sojasauce
3 Sternanis
600 g Putenbrustfilet
3 El Sonnenblumenöl
Salz, frisch
gemahlener Pfeffer
200 g Natur-Joghurt
6-8 Stiele glatte Petersilie

Zubereitungszeit: ca. 20 Minuten
(plus Koch- und Bratzeit)

Pro Portion ca. 358 kcal/1502 kJ
41 g E · 5 g F · 33 g KH

79

TOMATEN-CANAPÉS

Für 4 Portionen

12 Scheiben Vollkornbrot
80 g Röstzwiebelbutter
300 g Pizzatomaten
(aus der Dose)
200 g Frischkäse
4 El Sauerrahm
1/2 Bund Frühlingszwiebeln
1/2 Bund Petersilie
1/2 Bund Basilikum
Salz
Pfeffer
5 El geriebener Pecorino
Kresse zum Garnieren
Butter für die Förmchen

Zubereitungszeit: ca. 35 Minuten
(plus Backzeit)

Pro Portion ca. 366 kcal/1538 kJ
13 g E · 18 g F · 34 g KH

Aus dem Brot 12 Kreise von ca. 10 cm Durchmesser ausstechen. Tartletteförmchen mit etwas Butter ausstreichen. Den Backofen auf 170 °C vorheizen.

Die Brotkreise von beiden Seiten mit etwas zerlassener Röstzwiebelbutter bestreichen und in die Förmchen drücken. Portionsweise ca. 15 Minuten braun backen. Anschließend abkühlen lassen und das Brot vorsichtig aus den Förmchen nehmen.

Pizzatomaten, Frischkäse und Sauerrahm verrühren. Die Frühlingszwiebeln putzen, waschen und in feine Ringe schneiden. Die Kräuter waschen, trocknen und fein hacken. Frühlingszwiebeln und Kräuter unter den Käse rühren und alles mit Salz und Pfeffer abschmecken.

Die Masse auf die Brote streichen. Die Brote in eine flache, feuerfeste Form setzen und mit dem Pecorino bestreuen. Alles im Backofen auf der mittleren Einschubleiste ca. 6 Minuten goldbraun backen. Mit Kresse garniert servieren.

Für 4 Portionen

900 g geräucherter
Schinken
1 Stange Lauch
2 Pomelos
2 rosa Grapefruits
2 Feigen
4 Kaffir-Limetten
2 Kaffir-Limettenblätter
1 Stängel Zitronengras
4 El Erdnussöl
je 1 Prise Kardamom-, Anis-,
Nelken- und Ingwerpulver
dünne Limettenscheiben
zum Garnieren

Zubereitungszeit: ca. 30 Minuten

Pro Portion ca. 469 kcal/1971 kJ
49 g E · 25 g F · 9 g KH

OBST MIT FEINEM SCHINKEN

Den Schinken in Streifen schneiden. Den Lauch putzen,
waschen und in dünne Ringe schneiden. Die Pomelos und
die Grapefruits so schälen, dass die weiße Haut entfernt
wird. Anschließend die Filets vorsichtig heraustrennen.

Die Feigen waschen und in Spalten schneiden, die
Kaffir-Limetten waschen, schälen und die Schale fein
hacken. Die Blätter waschen und ebenfalls fein hacken.
Das Zitronengras putzen, waschen und fein hacken.

Das Öl in einem Wok erhitzen und den Schinken darin
anbraten. Nach ca. 3 Minuten Pomelos, Grapefruits,
Limettenschale, -blätter, Feigen und Zitronengras dazugeben. Alles mit den Gewürzen abschmecken. Nach
ca. 8 Minuten alles in Schälchen anrichten und mit den
Limettenscheiben garniert servieren.

81

SALATE

Für 4 Portionen

300 g Zuckerschoten
Salz
300 g Möhren
25 g Pinienkerne
2 große Bund Basilikum
2 Knoblauchzehen
2 El Aceto balsamico
Zucker
6 El Olivenöl

Zubereitungszeit: ca. 30 Minuten

Pro Portion ca. 213 kcal/890 kJ
4 g E · 18 g F · 9 g KH

BASILIKUMSALAT MIT ZUCKERSCHOTEN

Die Zuckerschoten putzen, waschen und 2 Minuten in etwas kochendem Salzwasser blanchieren. Die Möhren putzen, waschen, schälen und in dünne Scheiben schneiden.

Die Pinienkerne in einer Pfanne ohne Fett goldbraun rösten. Basilikum waschen, trocknen und Blätter abzupfen.

Für die Vinaigrette den Knoblauch schälen und durch die Presse drücken. Mit Balsamessig, Salz und 1 Prise Zucker verrühren. Das Öl unterrühren.

Die vorbereiteten Zutaten mit der Vinaigrette vermengen und auf Tellern anrichten. Mit Baguette servieren.

FENCHEL-MÖHREN-SALAT

Den Fenchel putzen, waschen und nicht zu fein hobeln. Die Möhren putzen, waschen, schälen und ebenfalls hobeln. Fenchel und Möhren mischen und mit 2 El Zitronensaft beträufeln.

Kräuteröl in einer Pfanne erhitzen, die Brotwürfel knusprig braun rösten und anschließend auf Küchenpapier geben.

Für die Sauce den Kefir mit Milch, Tomatenmark und Senf verrühren. Den Käse zerbröseln und unterrühren. Mit Salz, Pfeffer und 1 El Zitronensaft abschmecken. Das Basilikum waschen, trocknen und in Streifen schneiden.

Das Gemüse mit der Sauce vermischen, auf Tellern anrichten und mit Basilikumstreifen und Croûtons garniert servieren.

Für 4 Portionen

3 mittelgroße
Fenchelknollen
4 Möhren
3 El Zitronensaft
2 El Kräuteröl
4 Scheiben Vollkorntoast,
gewürfelt
200 g Kefir
2 El Milch
1–2 Tl Tomatenmark
1 El süßer Senf
100 g Feta-Käse
Salz, Pfeffer
1/2 Bund Basilikum

Zubereitungszeit: ca. 35 Minuten

Pro Portion ca. 288 kcal/1210 kJ
13 g E · 15 g F · 23 g KH

Für 4 Portionen

50 g Pistazien
2 rosa Grapefruit
2 Avocados
1 rote Chilischote
1 Schalotte
2 El Weißweinessig
Salz
Pfeffer
2 E Sonnenblumenöl
100 g Alfalfasprossen

Zubereitungszeit:
ca. 20 Minuten (plus Röstzeit)

Pro Portion ca. 417 kcal/1751 kJ
6 g E · 36 g F · 14 g KH

GRAPEFRUIT-SALAT

Die Pistazien in einer Pfanne ohne Fett rösten und anschließend hacken. Die Grapefruits schälen, filetieren und die Filets halbieren. Den Saft dabei auffangen. Die Avocados halbieren, schälen, den Stein entfernen und das Fruchtfleisch würfeln.

Die Chilischote waschen, Kerne und Stielansatz entfernen und die Schote fein hacken. Die Schalotte schälen und fein würfeln.

Den Essig mit Grapefruitsaft, Salz, Pfeffer und Öl zu einem Dressing verrühren. Die Chili und Schalottenwürfel zugeben. Alfalfasprossen abspülen und trocken schütteln.

Die Salatzutaten mit dem Dressing und den Alfalfasprossen mischen und anrichten. Mit Pistazien bestreut servieren. Passt sowohl zu asiatisch gegrillten Fleisch- und Geflügelgerichten als auch zu Fisch.

GRIECHISCHER KARTOFFELSALAT

Für 4 Portionen

500 g Kartoffeln
Salz
5 Frühlingszwiebeln
150 g Schafskäse
1 El Kapern
80 g schwarze,
entsteinte Oliven
3 El gehackter
Schnittlauch
2 El gehackte Minze
100 ml Olivenöl
Saft von 1 Zitrone
3 El Joghurt
3 El gehackter Dill
1 Tl Senf
schwarzer Pfeffer

Zubereitungszeit: ca. 25 Minuten
(plus Kochzeit)

Pro Portion ca. 380 kcal/1596 kJ
13 g E · 25 g F · 26 g KH

Die Kartoffeln waschen und in kochendem Salzwasser etwa 25 Minuten bissfest garen. Abgießen und abkühlen lassen. Dann pellen und in Scheiben schneiden. Die Frühlingszwiebeln putzen, waschen und fein hacken. Den Schafskäse in Würfel schneiden.

Kartoffeln, Frühlingszwiebeln, Schafskäse, Kapern, Oliven und Kräuter in eine Schüssel geben und alles gut vermischen.

Für das Dressing Olivenöl mit Zitronensaft vermischen. Joghurt, Dill und Senf zufügen und alles zu einer dicken Creme verrühren.

Die Salatcreme mit Salz und Pfeffer abschmecken und über den Kartoffelsalat geben. Alles gründlich mischen, bis die Kartoffeln mit der Salatsauce überzogen sind.

LOMBARDISCHER PILZSALAT

Für 4 Portionen

400 g Steinpilze
200 g Pfifferlinge
200 g Austernpilze
1 rote Chilischote
10 El Olivenöl
1 Knoblauchzehe, gehackt
1 Bund Petersilie, gehackt
Salz
Pfeffer aus der Mühle
2 El Zitronensaft
250 g Rucola
2 El Aceto balsamico
1 El Waldhonig

Zubereitungszeit: ca. 40 Minuten

Pro Portion ca. 392 kcal/1383 kJ
6 g E · 26 g F · 14 g KH

Mit einem Pinsel Sand und Erde von den Pilzen entfernen, eventuell die Pilze feucht abwischen. Die Steinpilze vierteln und in Stücke schneiden. Große Pfifferlinge halbieren. Die Austernpilze in Stücke schneiden. Die Chilischote putzen, waschen und fein hacken.

8 El Öl in einer Pfanne erhitzen und die Pilze darin andünsten. Die Chilischote, den Knoblauch und die Petersilie dazugeben. Mit Salz, Pfeffer und Zitronensaft abschmecken. Das Ganze ca. 4 Minuten ziehen lassen.

Den Rucola putzen, waschen und trocken schleudern. Essig und restliches Olivenöl mit dem Honig in einer Schüssel verrühren. Mit Salz und Pfeffer kräftig abschmecken.

Rucola und Salatdressig miteinander vermengen. Die Pilze aus der Pfanne nehmen und etwas abtropfen lassen. Den Rucola auf Tellern anrichten, die Pilze darauf verteilen und servieren.

KRÄUTERSALAT MIT PILZEN

Für 4 Portionen

400 g Steinpilze,
Braunkappen oder
Egerlinge
80 ml Öl
1 Zwiebel
Salz
Pfeffer
300 g Tomaten
3 El Aceto balsamico bianco
1 El Honig
1 Bund Radieschen
1 Bund Liebstöckel
1 Bund Kerbel
$1/2$ Bund glatte Petersilie
$1/2$ Bund Schnittlauch
1 Kästchen Kresse

Zubereitungszeit: ca. 30 Minuten
(plus Bratzeit)

Pro Stück ca. 212 kcal/890 kJ
6 g E · 18 g F · 5 g KH

Die Pilze putzen, feucht abreiben und in Scheiben schneiden. 2 El Öl in einer Pfanne erhitzen unddie Pilze darin unter Rühren etwa 7 Minuten braten. Die Zwiebel schälen, würfeln und zu den Pilzen geben. Alles weitere 3 Minuten braten, dann mit Salz und Pfeffer würzen. Die Pilze zum Abkühlen in eine Schüssel geben.

Die Tomaten waschen, die Stielansätzen entfernen und in Würfel schneiden. Zu den Pilzen geben. Essig, restliches Öl, Honig, Salz und Pfeffer zu einem Dressing verrühren. Die Hälfte des Dressings über die Pilz-Tomaten-Mischung geben und 20 Minuten durchziehen lassen.

Die Radieschen waschen, putzen und in Scheiben schneiden. Die Kräuter waschen, trocken schütteln, die Blätter von Liebstöckel und Kerbel abzupfen und fein hacken. Schnittlauch in Röllchen schneiden. Die Kresse abspülen und abschneiden.

Die Kräuter mit den Radieschen und dem restlichen Dressing mischen und mit der Tomaten-Pilz-Mischung anrichten.

ROTER KARTOFFELSALAT

Für 4 Portionen

400 g Kartoffeln
1 El Kümmel
Meersalz
400 g Rote-Bete-Kugeln
aus dem Glas
1 Bund Frühlingszwiebeln
10 Salbeiblättchen
1 Bund Radieschen
100 g Rettich
200 g Salatgurke
200 ml Dickmilch
1 El Paprikapulver
2 El Chiliöl
Tabasco
Kräuter zum Garnieren

Zubereitungszeit: ca. 30 Minuten
(plus Kochzeit)

Pro Portion ca. 238 kcal/1000 kJ
5 g E · 11 g F · 23 g KH

Die Kartoffeln waschen und in der Schale in mit Kümmel gewürztem Salzwasser ca. 25 Minuten kochen. Dann abgießen, abkühlen lassen, pellen und im Würfel schneiden.

Die Rote-Bete-Kugeln abtropfen lassen und in Würfel schneiden. Die Frühlingszwiebeln putzen, waschen und in Ringe schneiden. Den Salbei waschen, trocknen und fein hacken. Radieschen putzen, waschen und in Scheiben schneiden. Den Rettich und die Gurke schälen und würfeln.

Die Dickmilch mit Paprikapulver und Chiliöl verrühren und mit Tabasco abschmecken. Das Gemüse in eine Schüssel geben und die Sauce darüberträufeln.
Alles ca. 10 Minuten ziehen lassen. Mit Kräutern garniert servieren.

92

KARTOFFEL-PILZ-SALAT

Die Kartoffeln gründlich waschen und in der Schale ca. 25 Minuten kochen. Kartoffeln abdämpfen lassen, noch heiß pellen und etwas abkühlen lassen. Anschließend in Scheiben schneiden und mit der Zwiebel mischen.

Heiße Fleischbrühe mit Salz, Pfeffer, Essig und 5 El Öl verquirlen und über die Kartoffeln gießen. Vorsichtig mischen und mindestens 15 Minuten durchziehen lassen.

Die Pilze putzen, feucht abreiben und je nach Größe vierteln oder halbieren. Butter in einer Pfanne zerlassen und Speck darin glasig braten. Pilze dazugeben und bei mittlerer Hitze 5–8 Minuten braten. Mit Aceto balsamico, Salz und Pfeffer würzen. Etwas abkühlen lassen.

Den Rucola putzen, waschen und gut abtropfen lassen. Senf mit Salz und Rotwein-Essig verrühren, bis sich das Salz gelöst hat. Das restliche Öl unterrühren. Rucola-blätter damit beträufeln und mit dem Kartoffelsalat und den Pilzen auf Tellern anrichten.

Für 4 Portionen

800 g fest kochende Kartoffeln
1 große Zwiebel, klein gewürfelt
200 ml heiße Fleischbrühe
Salz
frisch gemahlener Pfeffer
4-5 El Weißwein-Essig
7 El Rapsöl
250 g Champignons
10 g Butter
80 g durchwachsener Räucherspeck, gewürfelt
Aceto balsamico
2 Bund Rucola
1 Tl Senf
1 El Rotwein-Essig

Zubereitungszeit: ca. 30 Minuten (plus Zeit zum Kochen und Ziehen)

Pro Portion ca. 521 kcal/2181 kJ
13 g E · 35 g F · 34 g KH

Für 1–2 Portionen

125 ml Milch
Salz
geriebene Muskatnuss
55 g Couscous
2 Fleischtomaten
¹/₄ Gurke
¹/₂ El Weißweinessig
3 El Olivenöl
Pfeffer
Zucker nach Geschmack
1 El frisch gehackte
Pfefferminze

Zubereitungszeit: ca. 30 Minuten
(plus Zeit zum Kochen,
Quellen und Abkühlen)

Pro Portion ca. 218 kcal/915 kJ
5 g E · 10 g F · 25 g KH

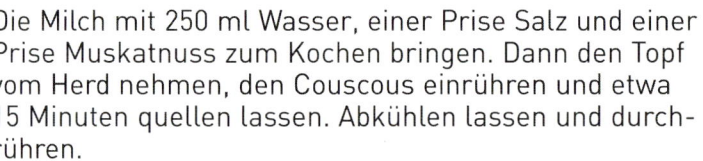

CousCous-Salat

Die Milch mit 250 ml Wasser, einer Prise Salz und einer Prise Muskatnuss zum Kochen bringen. Dann den Topf vom Herd nehmen, den Couscous einrühren und etwa 15 Minuten quellen lassen. Abkühlen lassen und durchrühren.

Die Tomaten waschen, putzen und in Scheiben schneiden. Gurke waschen, längs halbieren, mit einem Löffel entkernen und in Scheiben schneiden. Essig mit Öl, Salz, Pfeffer und Zucker nach Geschmack zu einem Dressing verrühren.

Couscous mit Tomaten, Gurken und dem Dressing in einer Schüssel mischen. Mit Pfefferminze garnieren.

TABBOULEH

Den Bulgur in $1/2$ l Salzwasser etwa 10 Minuten kochen, dann vom Herd nehmen und weitere 20 Minuten quellen lassen.

Die Petersilie und Minze waschen, trocken schütteln und hacken. Die Gurke schälen und in feine Würfel schneiden. Frühlingszwiebeln putzen, waschen und fein hacken.

Die Tomaten waschen, die Stielansätze entfernen und das Fruchtfleisch entkernen und fein würfeln. Den Bulgur mit einer Gabel auflockern. Mit dem Gemüse und den Kräutern in einer Schüssel vermischen.

Zitronensaft und Öl mit Salz und Pfeffer mischen und den Gemüsesalat damit überziehen. Mindestens 1 Stunde durchziehen lassen, dann nochmals gut durchrühren und servieren.

Für 4 Portionen

200 g Bulgur
Salz
1 Bund glatte Petersilie
1 Bund Minze
$1/2$ Schlangengurke
4 Frühlingszwiebeln
2 Fleischtomaten
Saft von 2 Zitronen
4 El Olivenöl
Pfeffer

Zubereitungszeit: ca. 20 Minuten
(plus Zeit zum Quellen und Ziehen)

Pro Portion ca. 308 kcal/1291 kJ
6 g E · 13 g F · 42 g KH

Für 4 Portionen

500 g frischer Blattspinat
(oder 450 g TK)
2 El Sesam
200 g Brie
2 Pfirsiche
3 El Zitronensaft
Salz
Pfeffer
Muskat
8 El Rapsöl

Zubereitungszeit: ca. 20 Minuten

Pro Portion ca. 400 kcal/1680 kJ
36 g F · 14 g E · 6 g KH

SPINATSALAT MIT PFIRSICH

Spinat putzen, dabei dicke Stiele entfernen, gründlich waschen und in Salzwasser 1 Minute blanchieren. Den Spinat abgießen, mit kaltem Wasser abschrecken. Erst abtropfen lassen, dann leicht ausdrücken und grob schneiden. Wenn Sie TK-Spinat verwenden, diesen nach Packungsanweisung auftauen und ausdrücken.

Sesam in einer Pfanne ohne Fett unter ständigem Rühren rösten, bis er duftet. Brie in Würfel schneiden. Pfirsiche waschen, halbieren, den Stein entfernen und Fruchtfleisch in Spalten schneiden. Mit 1 El Zitronensaft beträufeln.

Restlichen Zitronensaft mit Salz, Pfeffer und Muskat verrühren, dann das Rapsöl zugeben und kräftig abschmecken. Spinat, Briewürfel, Sesam und Pfirsich mit der Sauce mischen und auf 4 Schalen verteilen.

LINSENSALAT MIT GEMÜSE

Die Linsen über Nacht in reichlich kaltem Wasser einweichen, dann abgießen und abtropfen lassen. In der kochenden Gemüsebrühe etwa 35 Minuten abgedeckt bissfest garen.

Die Paprikaschoten putzen, waschen, entkernen und würfeln. Die Tomaten waschen, trocken tupfen, Stielansätze entfernen und würfeln. Die Zwiebel schälen und fein hacken. Die Kräuter waschen, trocken schütteln und fein hacken.

Die Linsen abgießen, kalt abschrecken und abtropfen lassen. In einer Schüssel mit dem Gemüse mischen.

Die Kräuter mit Zitronensaft, Öl, Salz und Pfeffer mischen und über den Salat gießen. Alles gut vermischen und vor dem Servieren 30 Minuten durchziehen lassen.

Für 4 Portionen

250 g Tellerlinsen
750 ml Gemüsebrühe
je 1 rote und grüne
Paprikaschote
2 Tomaten
1 Zwiebel
1 Bund gemischte Kräuter
der Provence
100 ml Zitronensaft
6 El Olivenöl
Salz
Pfeffer

Zubereitungszeit: ca. 30 Minuten
(plus Zeit zum Garen
und Durchziehen)

Pro Stück ca. 297 kcal/1247 kJ
16 g E · 7 g F · 40 g KH

Für 4 Portionen

250 g weiße Bohnen
Salz
1 Bund Frühlingszwiebeln
50 g Romanasalat
12 schwarze Oliven
Saft von 1 Zitrone
150 ml Olivenöl
schwarzer Pfeffer
3 El gehackte frische glatte
Petersilie

Zubereitungszeit: ca. 20 Minuten
(plus Einweich- und Kochzeit)

Pro Portion ca. 428 kcal/1800 kJ
15 g E · 27 g F · 30 g KH

BOHNENSALAT MIT ROMANA

Die Bohnen über Nacht in kaltem Wasser einweichen. Am nächsten Tag in frischem Wasser mit etwas Salz etwa 40 Minuten bei mittlerer Temperatur garen. Die Bohnen dürfen aber nicht zerfallen.

Die Bohnen abgießen und den Kochsaft auffangen. Die Frühlingszwiebeln putzen, waschen und in Ringe schneiden. Den Romanasalat putzen, waschen, trocken schleudern und größere Blätter grob zerteilen.

Die Bohnen, Frühlingszwiebeln, Romanasalat und Oliven in eine Schüssel geben.

Aus Zitronensaft, Öl, 5–6 El Kochflüssigkeit, Salz, Pfeffer und gehackter Petersilie ein Dressing bereiten und über den Salat gießen. Alles gründlich vermischen und lauwarm mit frischem Brot servieren.

PORTUGIESISCHER SALAT

Die Tomaten waschen, die Stielansätze entfernen und in Scheiben schneiden. Die Paprikaschoten putzen, waschen, entkernen und in Streifen schneiden. Die Möhren waschen, schälen und reiben.

Die Gemüsezwiebel schälen und in dünne Ringe schneiden. Das Ei hart kochen, pellen und in Scheiben schneiden. Petersilie waschen, trocknen, Blätter abzupfen und hacken. Radieschen waschen, putzen und in Scheiben schneiden. Den Kopfsalat waschen, putzen und trocken schleudern und die Blätter zerpflücken.

Gemüse und Salat in eine Schüssel geben. Aus den restlichen Zutaten eine Salatsauce rühren, darübergießen und unterrühren. Mit Ei-Scheiben belegen und mit Petersilie bestreuen.

Für 4 Portionen

2 große feste Tomaten
2 grüne Paprika
3 Möhren
1 Gemüsezwiebel
1 Ei
1 Bund Petersilie
5 Radieschen
1 Kopfsalat
1 El frisch gehackter Dill
5 El Öl
5 El Essig
Salz
Pfeffer

Zubereitungszeit: ca. 20 Minuten

Pro Portion ca. 113 kcal/474 kJ
4 g E · 7 g F · 6 g KH

Für 4 Portionen

Für den Salat
3 grüne Paprikaschoten
2 Auberginen
2 Eier
1 El Obstessig
Salz
150 ml Pflanzenöl
1/2 eingelegte Salzzitrone
150 g grüne Oliven,
ohne Stein
2 El Olivenöl
Saft von 1 Zitrone
Pfeffer
1 El gehackte
glatte Petersilie

Für die Salzzitronen
2 kg Zitronen
500 g grobes Salz
Öl zum Auffüllen

Zubereitungszeit: ca. 30 Minuten
(plus Back- und Bratzeit
sowie Zeit zum Ziehen
für die Salzzitronen)

Pro Portion ca. 318 kcal/1334 kJ
8 g E · 29 g F · 10 g KH

GEMÜSESALAT...

Den Backofengrill vorheizen. Die Paprika waschen,
putzen, trocken tupfen und halbieren. Unter dem Grill so
lange grillen, bis die Haut schwarz wird und Blasen wirft.
Paprika herausnehmen, in einen Gefrierbeutel wickeln
und darin abkühlen lassen. Dann häuten und in Stücke
schneiden. Die Auberginen putzen, waschen und in etwa
1 cm große Würfel schneiden.

Die Eier trennen, Eiweiß verquirlen und mit Essig und
1/2 Tl Salz mischen. Die Auberginen darin wenden und im
heißen Pflanzenöl ausbacken. Aus der Pfanne nehmen
und auf Küchenpapier abtropfen lassen. Die Salzzitrone
schälen, die Schale waschen, trocken tupfen und in kleine
Würfel schneiden.

Paprika, Auberginen, Zitronenschale und Oliven in einer
Schüssel mischen. Aus Olivenöl, Zitronensaft, Salz
und Pfeffer ein Dressing bereiten und darübergießen. Mit
Petersilie bestreut servieren.

... MIT SALZ-ZITRONEN

Für selbst gemachte Salzzitronen die Früchte waschen.
In jede Zitrone 5 Längsschnitte machen und die Schnitte
mit grobem Salz füllen. Die Zitronen in ein hohes, hitze-
beständiges Glasgefäß geben und mit kochendem
Wasser übergießen. Mit Öl bedecken und 3 Wochen
ziehen lassen.

Für 4 Portionen

75 g Wildreismischung
1/2 mittelgroßer Apfel
1/2 grüne Paprikaschote
1/2 Staudensellerie
50 g getrocknete Aprikosen
2 El Sojasauce
2 Tl Zucker
2 Tl Obstessig
25 g geröstete ungesalzene
Erdnüsse

Zubereitungszeit: ca. 20 Minuten
(plus Zeit zum Kochen
und Abkühlen)

Pro Portion ca. 110 kcal/460 kJ
3 g E · 3 g F · 23 g KH

WILDREISSALAT MIT APRIKOSEN

Den Reis nach Packungsanweisung kochen. Danach zum Abkühlen für etwa 12 Minuten auf einen großen Teller geben, gelegentlich umrühren.

Inzwischen Apfel, Paprika und Staudensellerie waschen, putzen, trocken tupfen und in feine Würfel schneiden. Die Aprikosen ebenfalls würfeln. Obst- und Gemüsewürfel in eine Schüssel füllen.

Für das Dressing Sojasauce, Zucker und Essig in einer Schüssel mit 2 El Wasser verrühren, bis sich der Zucker aufgelöst hat.

Reis und Dressing unter die Obst-Gemüse-Mischung geben und gut vermischen. Zuletzt die Erdnüsse darüberstreuen.

RINDFLEISCHSALAT

Salat waschen, putzen, trocken schleudern und die Blätter in Stücke zupfen. Möhren waschen, schälen und in mundgerechte Stifte schneiden. Paprika putzen, waschen und in Würfel schneiden. Tomaten putzen, waschen und halbieren. Gemüse auf 4 Teller verteilen.

Das Fleisch in Streifen schneiden. Eine beschichtete Pfanne erwärmen und leicht einfetten. Fleischstreifen darin 2–3 Minuten von allen Seiten anbraten, bis das Fleisch noch rosa ist. Pfanne vom Herd nehmen und das Fleisch mit Salz und Pfeffer würzen. Basilikum einrühren, dann die warmen Fleischstreifen auf das Gemüse legen.

Aus Joghurt, Buttermilch, Parmesan, Zwiebel, Mayonnaise, Petersilie, Essig, Knoblauch, Salz und Pfeffer ein Dressing bereiten und zum Fleisch servieren.

Für 4 Portionen

1 großer Kopfsalat
2 Möhren
1 gelbe Paprikaschote
150 g Cherrytomaten
200 g Rindersteak
Salz, Pfeffer
2 El frisch gehacktes Basilikum
75 g fettarmer Naturjoghurt
50 ml Buttermilch
3 El frisch geriebener Parmesan
3 El fein gehackte Zwiebel
3 El Mayonnaise
2 El frisch gehackte Petersilie
1 El Weißweinessig
1 zerdrückte Knoblauchzehe
Fett für die Pfanne

Zubereitungszeit: ca. 35 Minuten (plus Bratzeit)

Pro Portion ca. 226 kcal/946 kJ
19 g E · 10 g F · 17 g KH

103

POLENTA-SALAT MIT TOMATEN

Für 4 Portionen

250 ml Milch
Salz
frisch geriebene
Muskatnuss
110 g Maisgrieß
400 g kleine Tomaten
1 El Weißweinessig
70 ml Olivenöl
Pfeffer
Zucker nach Geschmack
1/2 Bund Basilikum

Zubereitungszeit: ca. 30 Minuten
(plus Zeit zum Kochen,
Quellen und Abkühlen)

Pro Portion ca. 247 kcal/1037 kJ
4 g E · 14 g F · 23 g KH

Die Milch mit 250 ml Wasser, Salz und einer Prise Muskatnuss zum Kochen bringen. Den Maisgrieß einrühren und bei mittlerer Temperatur unter ständigem Rühren etwa 15 Minuten kochen. Dann Polenta 1,5 cm dick auf ein mit Backpapier ausgelegtes Backblech streichen, abkühlen lassen und etwa 3 Stunden kalt stellen.

Die Tomaten waschen, die Stielansätze entfernen und das Fruchtfleisch achteln. Essig mit 5 El Öl, Salz, Pfeffer und Zucker nach Geschmack zu einem Dressing verrühren.

Die Polenta in Stücke brechen und im restlichen, erhitzten Öl in einer Pfanne goldbraun braten. Mit den Tomatenscheiben und dem Dressing in einer Schüssel mischen.

Basilikum waschen, trocken schütteln, die Blätter abzupfen und in Streifen schneiden. Den Polentasalat mit Basilikumstreifen dekorieren. Lauwarm servieren.

GRÜNER PASTASALAT

Für 4 Portionen

250 g Gabelspaghetti
Salz
100 g Zuckerschoten
1 rote Paprika
1 Bund Frühlingszwiebeln
1/2 Bund Dill
1/2 Bund Basilikum
1 Bund glatte Petersilie
4 El Joghurt
4 El Sahne
1 El Meerrettich
Pfeffer

Zubereitungszeit: ca. 30 Minuten
(plus Kochzeit)

Pro Portion ca. 255 kcal/1071 kJ
10 g E · 2 g F · 48 g KH

Die Nudeln in ausreichend Salzwasser nach Packungsanweisung bissfest garen.

Die Zuckerschoten waschen, putzen und kurz blanchieren. In ein Sieb gießen, mit kaltem Wasser abschrecken
und abtropfen lassen.

Die Paprika putzen, waschen, halbieren, entkernen und
klein schneiden. Die Frühlingszwiebeln putzen, waschen
und in feine Ringe schneiden. Die Kräuter waschen,
trocknen und fein hacken.

Die Nudeln abgießen und abtropfen lassen. Den Joghurt
mit Sahne und Meerrettich verrühren. Mit Salz und
Pfeffer abschmecken. Das Dressing mit dem Gemüse
vermischen. Die Nudeln unterheben und den Salat lauwarm servieren.

Für 4 Portionen

2 Orangen
500 g Möhren
2 El Zucker
1/2 Tl Zimt
1 Tl Orangenblütenwasser
Salz
Minzblättchen zum
Garnieren

Zubereitungszeit: ca. 20 Minuten
(plus Zeit zum Durchziehen)

Pro Portion ca. 171 kcal/717 kJ
2 g E · 12 g F · 11 g KH

MÖHREN-ORANGEN-SALAT MIT ZIMTDRESSING

Eine Orange schälen und würfeln, die andere Orange auspressen. Die Möhren waschen, schälen und reiben.

Die Orangenwürfel, den -saft und die geriebenen Möhren mit Zucker, Zimt und Orangenblütenwasser vermengen. Den Salat mit Salz abschmecken, kalt stellen und gut durchziehen lassen.

Den Salat auf Tellern oder Schälchen anrichten und mit Minzblättchen garniert servieren.

Für 4 Portionen

Garnelen (ca. 1 kg)
400 g Wassermelone
300 g Honigmelone
Saft von 1 Zitrone
2 El Akazienhonig
20 Blättchen Minze
1 El Zucker
3 El Traubenkernöl
50 g Cashewkerne

Zubereitungszeit: ca. 45 Minuten

Pro Portion ca. 547 kcal/2300 kJ
43 g E · 25 g F · 27 g KH

GARNELENSALAT MIT MINZE

Die Garnelen waschen, Schale und Darm entfernen und ca. 5 Minuten in kochendem Salzwasser gar ziehen lassen.

Das Fruchtfleisch der Melonen mit einem Kugelausstecher herauslösen. Den Zitronensaft mit Honig, gewaschener und trocken getupfter Minze, Zucker und Öl verrühren.

Die Melonenbällchen mit den Garnelen dekorativ anrichten und mit der Sauce beträufeln. Alles mit den Cashewkernen oder etwas beiseitegelegter Minze nach Belieben garnieren.

GRANATAPFEL-AVOCADO-TELLER

Die Granatäpfel quer halbieren und die Kerne herauslösen. Die Trauben waschen, trocknen, halbieren und entkernen.

2 El Minzeblättchen fein hacken. Essig, Öl, Grenadine, Honig und Minze verrühren und mit Salz und Pfeffer würzen.

Die Avocados schälen, halbieren, die Kerne entfernen und das Fruchtfleisch in Spalten schneiden. Mit dem Zitronensaft beträufeln.

Die Granatapfelkerne und die Trauben mit etwas Marinade vermischen. Zusammen mit den Avocadospalten auf Tellern anrichten, die restliche Marinade darüberverteilen und alles mit der restlichen Minze garniert servieren.

Für 4 Portionen

3 Granatäpfel
400 g helle Weintrauben
4 El Minzeblättchen, gewaschen
3 El Himbeeressig
2 El Olivenöl
3 El Grenadine
1 Tl Honig
Salz
Pfeffer
2 Avocados
2 El Zitronensaft

Zubereitungszeit: ca. 35 Minuten

Pro Portion ca. 490 kcal/2060 kJ
10 g E · 14 g F · 8 g KH

SUPPEN UND EINTÖPFE

Für 4 Portionen

300 g weiße Bohnen
1 l Hühnerbrühe
2 Zwiebeln
2 Knoblauchzehe
1 Möhre
1 Stangensellerie
1 Stange Porree
1 Zweig Rosmarin
1 kleine rote Chilischote
100 ml Olivenöl
Salz
Pfeffer
4 Weißbrotscheiben
40 g frisch geriebener
Parmesan

Zubereitungszeit: ca. 30 Minuten
(plus Einweich-, Schmor-
und Garzeit)

Pro Portion ca. 407 kcal/1711 kJ
25 g E · 12 g F · 24 g KH

Bohnensuppe aus Florenz

Die Bohnen über Nacht in reichlich kaltem Wasser einweichen. Am nächsten Tag abgießen, abspülen und in einen Topf geben. Mit der Hühnerbrühe und 500 ml Wasser auffüllen. 1 Zwiebel und 1 Knoblauchzehe schälen und hacken. Das Gemüse putzen, waschen, die Möhre schälen und alles in Würfel schneiden. Rosmarin nadeln von den Stängeln zupfen und waschen. Chili-schote putzen, waschen, entkernen und beides fein hacken.

2 El Olivenöl in einer Pfanne erhitzen. Zwiebel, gehackten Knoblauch und Gemüse zugeben und anschmoren. Dann Rosmarin und Chili unter Rühren mitschmoren, zu den Bohnen geben und die Suppe abgedeckt etwa 1 Stunde bei mittlerer Temperatur garen, bis die Bohnen weich sind.

Die zweite Knoblauchzehe schälen und durch die Presse drücken. Mit dem restlichen Öl mischen. Die zweite Zwiebel schälen und in dünne Ringe schneiden. Den Backofen auf 200 °C (Umluft 180 °C) vorheizen.

Die Hälfte der Bohnensuppe aus dem Topf nehmen, pürieren und zurück in den Topf geben. Die Hälfte des Knoblauch-Öls untermischen.

Die Suppe in vier feuerfeste Suppenteller füllen. Die Brot-scheiben mit der Hälfte des Parmesans bestreuen, mit dem restlichen Knoblauch-Öl beträufeln, mit Zwiebel-scheiben belegen und mit dem restlichen Parmesan bestreuen. Die Suppe im Ofen etwa 20 Minuten überbacken.

SCHARFER KOKOS-HÜHNERTOPF

Für 4 Portionen

1 Zwiebel
2 Knoblauchzehen
je 1 rote und grüne
Chilischote
1 Stängel Zitronengras
1 Stück frischer Galgant
(ca. 1 cm)
2 Tl rote Currypaste
1 El Erdnussöl
3 Kaffir-Limettenblätter
500 ml Hühnerbrühe
300 ml Kokosmilch
250 ml Sahne
etwas Fischsauce
etwas Limettensaft
600 g Hähnchenbrustfilets
125 g Champignons
2 Tomaten
3 Frühlingszwiebeln
etwas Koriander

Zubereitungszeit: ca. 20 Minuten
(plus Garzeit)

Pro Portion ca. 390 kcal/1638 kJ
40 g E · 22 g F · 10 g KH

Zwiebel und Knoblauch schälen und fein hacken. Chili putzen, waschen und halbieren, Stielansatz und die Kerne entfernen, Schote fein hacken. Zitronengras putzen und waschen, Galgant schälen und beides fein hacken.

Die Gewürze mit der Currypaste in dem Erdnussöl anbraten. Die gewaschenen Limettenblätter zufügen und die Hühnerbrühe dazugießen, 15 Minuten köcheln. Kokosmilch und Sahne unterrühren, 5 Minuten mitköcheln lassen. Mit Fischsauce und Limettensaft abschmecken.

Hühnerbrust in Streifen schneiden. Champignons sauber bürsten und in Scheiben schneiden. Tomaten mit kochendem Wasser überbrühen, anschließend häuten, entkernen und klein würfeln. Frühlingszwiebeln putzen, waschen und klein schneiden.

Alles zur Suppe geben und 5 Minuten darin garen lassen. Koriander waschen, trocken schütteln und die Blättchen von den Stielen zupfen. Den Hühnertopf mit Korianderblättern bestreut servieren.

114

Kokos-Suppe mit Dorade

Zwiebeln und Knoblauch schälen und fein hacken.
Paprika putzen, waschen und halbieren, Stielansatz und
Kerne entfernen und Fruchtfleisch klein würfeln. Möhren
waschen, schälen und ebenfalls klein würfeln.

Das Öl in einem Topf erhitzen und die Zwiebeln darin
andünsten, Knoblauch und Gemüse dazugeben, alles mit
Currypulver bestäuben und 1 Minute anschwitzen. Kokosraspel und Cayennepfeffer dazugeben, ca. 1 Minute
mitbraten. 900 ml Wasser und den Fischfond dazugießen
und mit Salz und Honig abschmecken. Suppe zugedeckt
bei mittlerer Hitze ca. 15 Minuten köcheln lassen.

Petersilie waschen, trocken schütteln und klein hacken.
Den Fisch waschen, trocken tupfen und in mundgerechte
Stücke schneiden. Suppe pürieren, anschließend
passieren und aufkochen. Die Fischstücke zugeben
und ca. 5 Minuten gar ziehen lassen. Suppe nochmals
abschmecken und die Petersilie unterrühren. Mit
gerösteten Kokosraspeln und etwas Koriander garniert
servieren.

Für 4 Portionen

2 Zwiebeln
1 Knoblauchzehe
2 grüne Paprikaschoten
2 Möhren
4 El Öl
1–2 El Currypulver
75 g Kokosraspel
1 Msp. Cayennepfeffer
125 ml Fischfond oder
Gemüsebrühe
Salz
1–2 Tl Honig
1 Bund glatte Petersilie
500 g Doradenfilet
2 El geröstete Kokosraspel
und etwas Koriander zum
Garnieren

Zubereitungszeit: ca. 30 Minuten
(plus Garzeit)

Pro Portion ca. 343 kcal/1439 kJ
17 g E · 26 g F · 12 g KH

Für 4 Portionen

500 g Frühlingszwiebeln
1 rote Chilischote
2 Knoblauchzehen
Salz
3 El Butterschmalz
250 ml trockener Weißwein
750 ml Gemüsebrühe
Pfeffer
1 Prise Zucker
1/2 Bund Majoran
3 Scheiben Weißbrot
3 El Olivenöl
4 El frisch geriebener
Pecorino

Zubereitungszeit: ca. 25 Minuten
(plus Schmor- und Garzeit)

Pro Portion ca. 488 kcal/2048 kJ
9 g E · 37 g F · 19 g KH

ZWIEBELSUPPE

Die Frühlingszwiebeln putzen, waschen und in nicht zu feine Ringe schneiden. Die Chilischote putzen, waschen, entkernen und fein hacken. Knoblauch schälen und mit etwas Salz im Mörser zerdrücken.

Das Butterschmalz in einem großen Topf erhitzen und die Zwiebeln darin andünsten. Chili und Knoblauch zugeben und alles etwa 5 Minuten unter Rühren mitdünsten. Den Weißwein und die Brühe angießen und mit Salz, Pfeffer und Zucker abschmecken.

Den Majoran waschen, trocken schütteln und die Blättchen fein hacken. In die Suppe rühren und diese abgedeckt etwa 20 Minuten bei mittlerer Hitze köcheln lassen.

Das Weißbrot in Würfel schneiden und im heißen Olivenöl goldbraun rösten. Die Zwiebelsuppe auf 4 Teller verteilen und mit den Brotwürfeln und geriebenem Pecorino bestreut servieren.

Für 4 Portionen

5 rote, getrocknete Chilis
2 gehackte, kleine Zwiebeln
2 El frisch geriebener
Ingwer
1 El gehacktes Zitronengras
8 Macadamianüsse
1 1/2 Tl Garnelenpaste
1/4 Tl Safranpulver
3 El Öl
600 g rohe Garnelen
500 ml Kokosmilch
100 g Sojasprossen
500 g dünne frische
Reisnudeln
10 koreanische Minzeblätter

Zubereitungszeit: ca. 25 Minuten
(plus Einweichzeit, plus Garzeit)

Pro Portion ca. 488 kcal/2048 kJ
25 g E · 10 g F · 75 g KH

GARNELENSUPPE MIT INGWER

Die Chilis 15 Minuten in heißem Wasser einweichen. Abgetropft mit Zwiebeln, Ingwer, Zitronengras, Nüssen, Garnelenpaste, Safran und 1 El Öl pürieren.

Die Garnelen entdarmen und waschen. Die Köpfe und Schalen in 1 El Öl braten, bis sie dunkelorange sind. Mit 750 ml Wasser 30 Minuten offen köcheln lassen. Anschließend die Brühe durchsieben.

Würzpaste in 1 El Öl in einem Wok 6 Minuten braten. Garnelenbrühe und Kokosmilch dazugießen und alles ca. 5 Minuten köcheln lassen. Die Garnelen zugeben und mitkochen, bis sie sich rosa färben. Abgetropfte Sojasprossen darin erhitzen.

Nudeln 30 Sekunden in kochendem Wasser ziehen lassen, abgetropft unter die Suppe heben. Suppe anrichten und mit gewaschener Minze garnieren.

FISCHSUPPE MIT TOFU

Das Fischfilet waschen, trocknen und in Würfel schneiden. Die Gurke schälen, der Länge nach halbieren und die Kerne entfernen. Die Gurke in Halbkreise schneiden. Zwiebel und Knoblauch schälen und fein hacken. Die Kräuter waschen, trocken schütteln und fein hacken.

Das Öl im Wok erhitzen und die Fischwürfel zusammen mit den Gurkenstückchen 2–3 Minuten darin anbraten. Die Zwiebel- und die Kräutermischung dazugeben.

Den Fond angießen und die Krebspaste in die Suppe bröseln. Unter Rühren auflösen lassen. Die Suppe mit der Sojasauce und dem Anisschnaps würzen. Das Ganze ca. 10 Minuten bei milder Hitze garen. Den Tofu in kleine Würfel schneiden und 3 Minuten vor Ende der Garzeit dazugeben. Die Suppe in Schälchen anrichten und servieren.

Für 4 Portionen

600 g Wolfsbarschfilet
1 Salatgurke
3–4 El Sesamöl
1 Zwiebel
1–2 Knoblauchzehen
200 g gemischte Kräuter,
z.B. Petersilie, Dill, Kresse,
Kerbel, Schnittlauch,
Pimpernelle und Borretsch
1 l Fischfond
$1/2$ Würfel
Krebssuppenpaste (FP)
2–3 El Sojasauce
2 cl Anisschnaps
200 g Tofu

Zubereitungszeit: ca. 35 Minuten
(plus Kochzeit)

Pro Portion ca. 363 kcal/1525 kJ
40 g E · 21 g F · 9 g KH

119

FISCH-EINTOPF MIT PERNOD

Zwiebel und Knoblauch schälen und fein würfeln. Fenchel putzen, dabei das Grün beiseitelegen. Fenchel waschen, vierteln, den Strunk herausschneiden und die Knolle in feine Würfel schneiden.

1-2 El Öl in einem Bräter erhitzen. Zwiebel-, Knoblauch- und Fenchelwürfel bei kleiner Hitze 7-10 Minuten darin dünsten. Pernod oder Wein dazugießen und 2 Minuten einkochen lassen.

Tomaten in der Dose grob zerkleinern. Tomaten und Fischfond zum Fenchel geben und ca. 10 Minuten bei kleiner Hitze köcheln lassen. Mit etwas Salz würzen. Nudeln dazugeben und 10 Minuten mitkochen.

Die Fischfilets abspülen, trocken tupfen, in Stücke schneiden und mit Salz, Pfeffer und Zitronensaft würzen. Nach etwa 5 Minuten die Fischstücke in den Tomatensud geben und bei schwacher Hitze sanft mitkochen.

Falls der Eintopf zu dickflüssig ist, noch etwas Wasser dazugießen. Den Eintopf mit Salz, Pfeffer und einer Prise Zucker abschmecken. Das restliche Olivenöl darüberträufeln. Fenchelgrün waschen, trocken tupfen, fein hacken und vor dem Servieren darüberstreuen.

Für 4 Portionen

1 Zwiebel
1 Knoblauchzehe
600 g Fenchel mit Grün
3-4 El Olivenöl
75 ml Pernod oder Weißwein
1 große Dose geschälte Tomaten (850 ml Inhalt)
800 ml Fischfond
Meersalz
100 g Suppennudeln
750 g Fischfilets (z. B. Pangasius oder Dorade)
Pfeffer
etwas Zitronensaft
1 Prise Zucker

Zubereitungszeit: ca. 35 Minuten (plus Dünst- und Kochzeit)

Pro Portion ca. 495 kcal/2078 kJ
46 g E · 15 g F · 33 g KH

Spargelsuppe mit Garnelen

Für 4 Portionen

1 l Hühnerbrühe
300 g grüne Spargelspitzen
200 g Garnelen
4 Schalotten
1 El Öl
1 El Maismehl
2 El Fischsauce
Salz
Pfeffer
1 Ei
etwas Schnittlauch
zum Garnieren

Zubereitungszeit: ca. 20 Minuten
(plus Kochzeit)

Pro Portion ca. 115 kcal/483 kJ
14 g E · 4 g F · 7 g KH

Die Hühnerbrühe aufkochen lassen. Inzwischen den Spargel waschen und halbieren. Spargel in der kochenden Brühe etwa 5 Minuten garen, herausnehmen und beiseitestellen.

Die Garnelen entdarmen, waschen und trocken tupfen. Die Schalotten schälen und fein hacken.

Das Öl in einem Wok erhitzen, Schalotten darin 2 Minuten andünsten. Spargel, Krabben und die Brühe dazugeben. Alles ca. 3 Minuten kochen lassen.

Den Wok vom Herd nehmen. Maismehl mit etwas Wasser zu einer glatten Paste verrühren, zur Suppe geben und damit verrühren. Dann die Suppe wieder erhitzen und so lange kochen lassen, bis sie etwas eingedickt ist. Die Fischsauce unterrühren, salzen und pfeffern.

Das Ei verquirlen und dazugeben. Ei in der Suppe kräftig verrühren, damit es Fäden zieht. Mit Schnittlauch bestreut servieren.

Für 4 Portionen

400 g Sauerampfer
5 getrocknete Datteln
100 g Palmherzen
aus der Dose
3–4 El Erdnussöl
500 ml Gemüsefond
Salz
Pfeffer
Ingwer- und Nelkenpulver
2–3 El scharfe schwarze
Bohnenpaste
250 ml ungesüßte
Kokosmilch
2–3 El Sesamsaat

Zubereitungszeit: ca. 20 Minuten
(plus Garzeit)

Pro Portion ca. 264 kcal/1110 kJ
8 g E · 17 g F · 15 g KH

SAUERAMPFERSUPPE

Den Sauerampfer waschen, trocknen und grob hacken.
Die Datteln klein schneiden. Die Palmherzen abgießen
und in kleine Stücke schneiden. Das Öl in einem Topf
erhitzen und den Sauerampfer mit den Datteln und den
Palmherzen darin kurz anbraten.

Den Gemüsefond angießen und mit Salz, Pfeffer, Ingwer-
und Nelkenpulver würzen. Die Bohnenpaste dazugeben
und alles ca. 10 Minuten köcheln lassen. Die Kokosmilch dazugießen und weitere 1–2 Minuten unter Rühren
kochen lassen.

Sesam in einer Pfanne ohne Fett rösten. Die Suppe in
Schälchen verteilen und mit Sesam bestreut servieren.

Für 4 Portionen

1 Schalotte
150 g Sauerampfer
100 g Blattspinat
1 Bund Sellerieblätter
1 Bund Brunnenkresse
1 Bund Kerbel
1 Bund glatte Petersilie
1 kg mehlig kochende
Kartoffeln
1 ¹/₂ Salatgurke
200 g Butter
grobes Meersalz
3 El Crème fraîche
frisch gemahlener Pfeffer

Zubereitungszeit: ca. 30 Minuten
(plus Kochzeit)

Pro Portion ca. 330 kcal/1386 kJ
9 g E · 14 g F · 42 g KH

FRANZÖSISCHE KRÄUTERSUPPE

Die Schalotte schälen und fein hacken. Das Blattgemüse und die Kräuter putzen, waschen und trocken schütteln. Einige Kräuterblättchen zum Garnieren beiseitelegen. Die Kartoffeln schälen, waschen und würfeln.

Die Gurke putzen, waschen, halbieren, mit einem Esslöffel die Kerne entfernen und die Gurke klein würfeln. Die Hälfte der Butter in einem Topf zerlassen, das Blattgemüse mit den Kräutern und den Gurkenwürfeln hinzugeben. Alles zugedeckt etwa 5 Minuten anschwitzen, Gemüse und Kräuter sollen aber nicht braun werden.

1,5 l Wasser zugießen, salzen, Kartoffelwürfel hinzugeben und alles ca. 25 Minuten kochen.

Nach Ablauf der Kochzeit die Suppe vom Herd nehmen und passieren. Mit dem Stabmixer die restliche Butter in Flöckchen und die Crème fraîche zugeben. Mit Salz und Pfeffer abschmecken. Die Suppe anrichten und mit Kräuterblättchen garniert servieren.

ERBSENSUPPE

Die Erbsen enthülsen und die gewaschenen Schalen in 1,5 l Salzwasser gar kochen. Anschließend abgießen und den Sud auffangen. Die Möhre waschen, schälen und in feine Stifte schneiden.

Die Erbsen in 20 g Butter andünsten, die Möhrenstifte dazugeben und kurz mitdünsten. Alles mit Zucker und Salz abschmecken und das Gemüse ca. 7 Minuten garen lassen.

Aus 40 g Butter und dem Mehl eine Mehlschwitze zubereiten. Mit dem Erbsensud aufgießen und 10 Minuten kochen lassen. Die Erbsen und Möhrenstifte zur Suppe geben, mit Salz und Pfeffer abschmecken. Das Eigelb mit der Sahne verquirlen und die Suppe damit legieren. Vorsicht: Die Suppe darf dabei nicht mehr kochen! Mit Petersilie bestreut servieren.

Für 4 Portionen

500 g frische, grüne Erbsen
Salz
1 Möhre
60 g Butter
Zucker
30 g Mehl
Pfeffer
1 Eigelb
3 El Sahne
$1/2$ Bund gehackte
Petersilie

Zubereitungszeit: ca. 20 Minuten
(plus Kochzeit)

Pro Portion ca. 288 kcal/1209 kJ
10 g E · 17 g F · 22 g KH

Für 4 Portionen

50 g frische dicke Bohnen
(ohne Hülsen)
150 g frische Erbsen
(ohne Hülsen)
200 g Möhren
200 g Zucchini
1 Zwiebel
200 g Kartoffeln
1 Stange Porree
1 Stange Staudensellerie
200 g Wirsing
50 g Bauchspeck
3 El Butter
200 g geschälte Tomaten
(aus der Dose)
Salz
Pfeffer
200 g Reis
1 Knoblauchzehe
1 El gehackte Petersilie
1 El gehackter Oregano
frisch geriebener Parmesan
nach Geschmack

Zubereitungszeit 50 Minuten
(plus Garzeit)

Pro Portion ca. 465 kcal/1950 kJ
15 g E · 17 g F · 63 g KH

MINESTRONE

Das Gemüse putzen, waschen, gegebenenfalls schälen und klein schneiden. Die Zwiebel und die Kartoffeln schälen und würfeln. Den Porree in Ringe schneiden. Den Wirsing in Blätter teilen und diese in Stücke schneiden. Den Bauchspeck in Scheiben und anschließend in kleine Würfel schneiden.

Die Butter in einem großen Topf erhitzen und die Speckwürfel darin auslassen. Zwiebel und Porree zugeben und einige Minuten dünsten. Restliches Gemüse, Bohnen, Erbsen und Tomaten aus der Dose mit Flüssigkeit zugeben. Alles mit Salz und Pfeffer würzen und unter Rühren etwa 5 Minuten schmoren.

Die Mischung mit 2 l Wasser auffüllen, aufkochen lassen und abgedeckt etwa 45 Minuten köcheln lassen. Den Reis unterrühren und anschließend weitere 15 Minuten köcheln, bis der Reis gar ist.

Den Knoblauch schälen, fein hacken und zugeben. Die Minestrone auf Teller verteilen und mit den Kräutern und dem geriebenen Parmesan bestreuen.

Für 4 Portionen

500 g Kartoffeln
1 Bund Suppengemüse
1 Zwiebel
40 g Butter
1 Tl getrockneter Majoran
800 ml Gemüsebrühe
300 g Kräuterseitlinge
1 El Öl
Salz
Pfeffer
Muskatnuss
200 ml Sahne
1 El Zitronensaft
2 El Kerbelblättchen

Zubereitungszeit: ca. 25 Minuten
(plus Kochzeit)

Pro Portion ca. 310 kcal/1302 kJ
7 g E · 21 g F · 24 g KH

KARTOFFEL-SCHAUMSUPPE

Die Kartoffeln, das Suppengemüse und die Zwiebel schälen bzw. putzen, waschen und klein würfeln. Etwa die Hälfte der Butter zerlassen. Das Gemüse darin andünsten. Den Majoran hinzugeben.

Die Brühe hinzugießen, alles aufkochen und etwa 25 Minuten köcheln lassen, bis das Gemüse weich ist. Inzwischen die Kräuterseitlinge putzen, säubern und in dünne Scheiben schneiden.

In einer Pfanne die restliche Butter mit dem Öl erhitzen und die Pilze darin etwa 5 Minuten braten. Mit Salz und Pfeffer würzen.

Die Suppe pürieren, mit Salz, Pfeffer und Muskatnuss würzen, 10 Minuten weiterköcheln lassen. Die Sahne steif schlagen. Den Zitronensaft und die Schlagsahne in die Suppe geben, die Suppe mit Pilzen und Kerbel anrichten und servieren.

ITALIENISCHE KARTOFFELSUPPE

Die Zwiebel und die Knoblauchzehe schälen und fein hacken. Die Kartoffeln waschen, schälen und in Scheiben schneiden. Staudensellerie waschen, putzen und ebenfalls in Scheiben schneiden.

Das Öl in einem ausreichend großen Topf erhitzen und die Knoblauch- und Zwiebelwürfel mit den Kartoffelscheiben darin anbraten. Die Selleriescheiben und den Salbei dazugeben und kurz mitanbraten. Das Ganze mit der Brühe auffüllen und die Suppe bei mittlerer Hitze ca. 20 Minuten köcheln lassen.

Die Tomaten kreuzweise einritzen, den Stielansatz entfernen, mit kochendem Wasser überbrühen, enthäuten, entkernen und Fruchtfleisch in Achtel schneiden. Die Suppe mit Salz und Pfeffer abschmecken. Die Tomaten hineingeben und kurz erwärmen. Die Suppe mit Petersilie und Parmesan bestreut servieren.

Für 6 Portionen

1 Zwiebel
1 Knoblauchzehe
500 g Kartoffeln
3 Stangen Staudensellerie
2 El Olivenöl
1 Tl gerebelter Salbei
1 l Fleischbrühe
300 g Tomaten
Salz
Pfeffer
1 El gehackte Petersilie
50 g geriebener
Parmesankäse

Zubereitungszeit: ca. 25 Minuten
(plus Garzeit)

Pro Portion ca. 233 kcal/973 kJ
11 g E · 11 g F · 24 g KH

129

SPINATSUPPE MIT EI

Für 4 Portionen

1 Zwiebel
1 Knoblauchzehe
4 El Butter
500 g frischer Spinat
1 l Gemüsebrühe
Pfeffer
Salz
gemahlene Muskatnuss
2 El geriebener Parmesan
2 El Essig
4 Eier

Zubereitungszeit: ca. 20 Minuten
(plus Schmor- und Garzeit)

Pro Portion ca. 372 kcal/1564 kJ
21 g E · 28 g F · 7 g KH

Zwiebel und Knoblauch schälen. Die Zwiebel fein
hacken. 2 El Butter in einer Pfanne erhitzen und die
Zwiebel darin 2 Minuten andünsten.

Spinat verlesen, putzen und waschen. In einen großen
Topf mit 100 ml Wasser geben und bei mittlerer
Temperatur zusammenfallen lassen. Dann Zwiebel und
Brühe zugeben und abgedeckt aufkochen lassen.

Den Knoblauch dazudrücken und die Suppe mit Pfeffer,
Salz und Muskat abschmecken. Restliche Butter und
Parmesan in die Suppe rühren.

In einem zweiten Topf 750 ml Wasser mit dem Essig
und etwas Salz aufkochen. Jedes Ei einzeln aufschlagen
und vorsichtig ins siedende Wasser geben. Die Eier
3–4 Minuten pochieren.

Die Spinatsuppe auf vier Teller verteilen und mit
je einem pochierten Ei servieren. Nach Belieben noch
etwas Parmesan über die Suppe reiben.

FLEISCH UND GEFLÜGEL

Für 4 Portionen

2 Knoblauchzehen
50 g Bauchspeck
2 Möhren
1/2 Stangensellerie
1 kg Rinderschulter
1 Tl Pfefferkörner
10 Wacholderbeeren
2 Lorbeerblätter
1 Zimtstange
2 Nelken
1 Prise Zucker
1 Rosmarinzweig
1 Thymianzweig
1 Flasche kräftiger
Rotwein (0,75 l)
3 El Marsala
Salz
Pfeffer
4 El Olivenöl
2 El Butterschmalz
Mehl zum Bestäuben
2 El Cognac
2 Stiele Petersilie

Zubereitungszeit: ca. 30 Minuten
(plus Marinier- und
Schmorzeit)

Pro Portion ca. 1032 kcal/4336 kJ
57 g E · 62 g F · 21 g KH

RINDERBRATEN IN ROTWEIN

Die Knoblauchzehen schälen und halbieren. Den Speck in Streifen schneiden. Die Möhren schälen, den Sellerie putzen. Gemüse waschen und in Scheiben schneiden. Auf dem Fleisch mit einem Messer mehrere Einschnitte anbringen und mit Knoblauch und Speckstreifen spicken.

Das Fleisch in eine Schüssel legen, das Gemüse zugeben. Pfefferkörner und Wacholderbeeren grob zerdrücken und mit Lorbeerblättern, Zimt, Nelken, Zucker und den Kräuterzweigen zum Fleisch geben. Wein und Marsala zugießen und das Fleisch abgedeckt 12 Stunden im Kühlschrank marinieren. Einmal wenden.

Das Fleisch aus der Marinade nehmen und gut trocken tupfen. Mit Salz und Pfeffer einreiben. Die Marinade durch ein Sieb gießen, die Flüssigkeit auffangen, Gemüse und Kräuterzweige gut abtropfen lassen.

Das Öl und das Butterschmalz in einem großen Bräter erhitzen und das Gemüse mit den Kräutern darin andünsten. Das Fleisch mit Mehl bestäuben und im heißen Fett von allen Seiten gut anbraten. Mit Cognac ablöschen.

Die Marinade zum Fleisch gießen, Petersilie waschen und ebenfalls zugeben. Fleisch bei mittlerer Temperatur abgedeckt etwa 2,5 Stunden schmoren, bis es sehr weich ist. Braten und Kräuterzweige aus dem Topf nehmen und die Sauce pürieren. Mit Salz und Pfeffer abschmecken.

Den Braten aufschneiden und mit der Sauce servieren. Dazu passt Polenta.

INVOLTINI

Für 4 Portionen

1 Knoblauchzehe
50 g getr. Tomaten in Öl
4 dünne Kalbsschnitzel
(à 120 g)
Salz, Pfeffer
12 Salbeiblätter
4 Scheiben geräucherter
Käse (z.B. geräucherter
Mozzarella)
4 dünne Scheiben milder,
roher Schinken
1 Zwiebel
3 Stangen Staudensellerie
2 Möhren
2 El Olivenöl
100 ml Marsala
250 ml Kalbsfond

Zubereitungszeit: ca. 30 Minuten
(plus Schmorzeit)

Pro Portion ca. 438 kcal/1832 kJ
35 g E · 28 g F · 5 g KH

Die Knoblauchzehe abziehen, grob zerteilen und zusammen mit den Tomaten und etwas von dem Einlegeöl mit dem Mixer zu einer Paste pürieren.

Die Schnitzel salzen, pfeffern und von einer Seite mit der Tomatenpaste bestreichen. Die Salbeiblätter waschen und trocken tupfen. Auf jedes Schnitzel 2 Salbeiblätter legen und alles einrollen. Jede Schnitzelrolle mit einem weiteren Salbeiblatt belegen und mit einer Schinkenscheibe umwickeln. Alles mit einem Zahnstocher fixieren.

Die Zwiebel schälen und fein hacken, den Staudensellerie putzen, waschen und würfeln, die Möhren waschen, putzen, schälen und in kleine Würfel schneiden.

Das Olivenöl in einer Pfanne erhitzen und die Involtini von allen Seiten anbraten. Das Gemüse dazugeben, kurz mitbraten und alles mit dem Marsala und dem Kalbsfond ablöschen. Zugedeckt ca. 10 Minuten schmoren. Aus der Pfanne nehmen und mit der Sauce servieren. Dazu passt Risotto.

SCALOPPINE AL LIMONE

Spinat putzen, gründlich waschen und gut abtropfen lassen. Die Schalotten fein würfeln, Knoblauch fein hacken. 100 g Butter in Würfel schneiden und ins Tiefkühlfach legen.

Fond bei starker Hitze um gut die Hälfte einkochen lassen. In einem zweiten Topf die restliche Butter schmelzen, Schalotten, Knoblauch und die Hälfte der Zitronenschale darin ca. 2 Minuten dünsten. Spinat dazugeben, alles weitere 4 Minuten dünsten und dabei ab und zu umrühren. Mit Salz, Pfeffer und Muskat würzen.

Das Mehl auf einen flachen Teller sieben. Die Kalbsschnitzel mit Salz und Pfeffer würzen, im Mehl wenden, das überschüssige Mehl abklopfen. Öl in einer großen Pfanne erhitzen und die Schnitzel darin bei mittlerer Hitze von jeder Seite ca. 2 Minuten braten.

Die restliche Zitronenschale einmal im Fond aufkochen, die gefrorene Butter nach und nach zum Binden einarbeiten und alles vom Herd nehmen.

Spinat und Kalbsschnitzel auf vorgewärmten Tellern anrichten und mit etwas Sauce beträufeln.

Für 4 Portionen

1,3 kg Spinat
170 g Schalotten
4 Knoblauchzehen
130 g kalte Butter
250 ml Kalbsfond
Schale von 1 unbehandelten Zitrone
Salz
Pfeffer
Muskatnuss
50 g Mehl
8 Kalbsschnitzel (à 60 g)
4 El Öl

Zubereitungszeit: ca. 20 Minuten (plus Kochzeit)

Pro Portion ca. 549 kcal/2296 kJ
34 g E · 40 g F · 13 g KH

Für 4 Portionen

2 Zweige Rosmarin
4 Lammhaxen (à 350 g),
küchenfertig
4 EL Olivenöl
Salz, Pfeffer
3 Knoblauchzehen
je 70 g Möhren, Zwiebeln,
Staudensellerie und Lauch,
geputzt und gewürfelt
1 EL Tomatenmark
3 Lorbeerblätter
1/2 Bund Thymian
250 ml Rotwein
600 ml Lammfond
400 g Pfifferlinge
50 g Schalotten
1/2 Bund Petersilie
4 El Walnussöl

Zubereitungszeit: ca. 40 Minuten
(plus Brat- und Garzeit)

Pro Portion ca. 456 kcal/1906 kJ
55 g E · 24 g F · 4 g KH

GESCHMORTE LAMMHAXEN

Rosmarin waschen, trocknen, die Nadeln abstreifen und grob hacken. Die Lammhaxen mit 2 El Olivenöl bestreichen und mit Rosmarin, Salz und Pfeffer würzen. Den Knoblauch schälen, fein hacken.

Die Haxen in einem Bräter bei mittlerer Hitze rundherum anbraten, dann aus dem Bräter nehmen. Das restliche Olivenöl im Bräter erhitzen und das Schmorgemüse ca. 10 Minuten anbraten. Dann Tomatenmark einrühren, Lorbeerblätter und Thymian dazugeben, alles mit Wein ablöschen und vollständig einkochen lassen.

Die Haxen zusammen mit dem Knoblauch zurück in den Bräter legen, die Hälfte des Lammfonds zugeben und alles im vorgeheizten Backofen bei 170 °C (Umluft nicht empfehlenswert) auf der 2. Einschubleiste von unten ca. 2 Stunden garen. Nach und nach den restlichen Fond nachgießen.

Die Pfifferlinge putzen, waschen und trocken tupfen, die Schalotten schälen und fein würfeln, die Petersilie waschen, trocken schütteln und fein hacken.

Die Lammhaxen aus dem Bräter nehmen, in Alufolie wickeln und im ausgeschalteten Backofen warm halten. Die Sauce im Bräter auf dem Herd um die Hälfte einkochen lassen.

In einer Pfanne Walnussöl erhitzen und die Pfifferlinge mit der Schalotte anbraten. Alles zur Sauce geben, mit Salz und Pfeffer abschmecken und die Petersilie dazugeben. Die Lammhaxen zurück in den Bräter geben und servieren.

Für 4 Portionen

600 g Putenbrustfilet
1 rote Paprikaschote
250 g Frühlingszwiebeln
1 Bund Basilikum
400 ml ungesüßte
Kokosmilch
1 El rote Currypaste
2 El Sojasauce
1 El Zucker

Zubereitungszeit: ca. 20 Minuten
(plus Kochzeit)

Pro Portion ca. 212 kcal/888 kJ
38 g E · 2 g F · 9 g KH

Putenragout mit Kokos

Das Putenbrustfilet waschen, trocknen und in Streifen schneiden. Die Paprikaschote waschen, halbieren, entkernen und in Streifen schneiden.

Die Frühlingszwiebeln putzen, waschen und in 5 cm lange Stücke schneiden. Das Basilikum waschen und trocknen. Die Blätter von den Stielen zupfen und die Hälfte fein hacken. Restliche Blätter zum Garnieren beiseitelegen.

Die Kokosmilch im Wok aufkochen, das Fleisch und die Currypaste unterrühren und alles ca. 1 Minute köcheln lassen. Dabei ab und zu umrühren. Das vorbereitete Gemüse dazugeben und weitere 3 Minuten köcheln lassen. Gehacktes Basilikum, Sojasauce und Zucker dazugeben und abschmecken.

HÄHNCHENBRUST MIT APRIKOSENSAUCE

Das Hähnchenbrustfilet in etwa 2 cm große Stücke schneiden. Den Ingwer, die Schalotte und den Knoblauch schälen und fein hacken. Die Hälfte vom Ingwer mit Knoblauch, Sesamöl und 3 El Sojasauce verrühren. Das Zitronengras putzen, waschen, den weißen Teil klein hacken und unterrühren.

Hähnchenfleisch dazugeben und damit vermischen. Fleisch darin mindestens 3 Stunden, besser über Nacht, zugedeckt im Kühlschrank marinieren lassen.

Für die Sauce den restlichen Ingwer mit Sambal Oelek, restlicher Sojasauce und Limettensaft verrühren. Frühlingszwiebeln putzen, waschen und in Ringe schneiden. Aprikosenkonfitüre mit den Frühlingszwiebelringen untermischen.

In einem Wok das Öl erhitzen. Hähnchenfleisch darin unter Rühren garen. Über das fast gare Fleisch etwas von der Marinade träufeln. Fleisch mit der Sauce servieren.

Für 4 Portionen

700 g Hähnchenbrustfilet
1 Stück frischer Ingwer
(ca. 4 cm)
1 Schalotte
1 Knoblauchzehe
3 El helles Sesamöl
6 El helle Sojasauce
1 Stange Zitronengras
1/2 Tl Sambal Oelek
2 El Limettensaft
4 Frühlingszwiebeln
4 El Aprikosenkonfitüre
2–3 El Öl zum Braten

Zubereitungszeit: ca. 30 Minuten
(plus Marinierzeit)

Pro Portion ca. 368 kcal/1547 kJ
44 g E · 17 g F · 10 g KH

GEFÜLLTES RINDERFILET

Kräuter waschen, trocken schütteln und die Blätter von den Stängeln zupfen. Petersilie, 2 Salbeiblätter und Estragon fein hacken. Mit Parmesan und Paniermehl vermischen und mit Salz und Pfeffer würzen.

Pecorino in Streifen schneiden. Fleisch oben längs einschneiden und die Parmesan-Kräuter-Füllung und die Pecorinostreifen hineingeben. Den Schinken in Scheiben schneiden und das Fleisch damit umwickeln. Mit Küchengarn festbinden.

Den Backofen auf 180 °C (Umluft 160 °C) vorheizen, das Öl in einem Bräter erhitzen. Oregano waschen, trocken tupfen und zusammen mit den restlichen Salbeiblättern darin andünsten. Dann das Fleisch von allen Seiten gut anbraten. Den Braten im Ofen etwa 35 Minuten braten. Anschließend das Fleisch aus dem Bräter nehmen, in Alufolie wickeln und 10 Minuten ruhen lassen.

Bratenfond mit Wein und etwas Wasser loskochen und durch ein Sieb streichen. Die Sauce in einem Topf aufkochen und etwas einkochen lassen. Fleisch in Scheiben schneiden und mit der Sauce servieren.

Für 4 Portionen

1 Bund Petersilie
1 Estragonzweig
4 Salbeiblätter
3 El frisch geriebener Parmesan
50 g Paniermehl
Salz
Pfeffer
75 g Pecorino
1 kg Rinderfilet
150 g roher Schinken
3 El Olivenöl
2 Oreganozweige
100 ml trockener Rotwein

Zubereitungszeit: ca. 20 Minuten (plus Garzeit)

Pro Portion ca. 925 kcal/3885 kJ
101 g E · 49 g F · 14 g KH

Für 4 Portionen

600 g Schweinefiletspitzen
Salz
Pfeffer
200 g braune Champignons
Mehl
6-7 El Öl
100 ml Cognac
400 ml Schlagsahne
1 Bund Schnittlauch

Zubereitungszeit: ca. 25 Minuten

Pro Portion ca. 644 kcal/2700 kJ
38 g E · 48 g F · 9 g KH

SAHNEGESCHNETZELTES MIT PILZEN

Das Fleisch in dünne Scheiben schneiden. Anschließend salzen und pfeffern. Die Pilze feucht abreiben und ebenfalls in Scheiben schneiden.

Das Fleisch im Mehl wenden, gut abklopfen und im heißen Öl von allen Seiten scharf anbraten. Anschließend aus der Pfanne nehmen.

Die Pilze im Bratfett anbraten, dann herausnehmen. Den Bratensatz mit Cognac ablöschen und einkochen. Sahne und ausgetretenen Fleischsaft dazugeben und ebenfalls einkochen. Fleisch und Pilze wieder in die Sauce geben und mit Salz und Pfeffer würzen. Den Schnittlauch waschen, trocken tupfen, in Röllchen schneiden und kurz vor dem Servieren unterheben.

RINDFLEISCH NACH SZECHUAN-ART

Rindfleisch in dünne Scheiben schneiden. Das Eiweiß mit Maisstärke und 1 El Sojasauce verrühren und das Rindfleisch darin ziehen lassen.

Zwiebeln und Knoblauch schälen, Zwiebeln in feine Ringe schneiden. Paprikaschoten und Chili putzen, waschen und klein hacken. Porree putzen, waschen und in feine Streifen schneiden. Aubergine putzen, waschen und würfeln. Ingwer schälen und klein hacken.

Den Zucker mit der restlichen Sojasauce, Reisessig und Reiswein verrühren und beiseitestellen. Öl im Wok erhitzen. Rindfleisch bei starker Hitze unter ständigem Rühren darin anbraten, dann salzen und pfeffern. Herausnehmen und beiseitestellen.

Etwas weiteres Öl erhitzen, Zwiebeln, Ingwer und das restliche Gemüse anbraten, Knoblauch dazupressen. Alles bei starker Hitze pfannenrühren. Das Fleisch untermischen, die Sauce dazugießen und alle Zutaten gut miteinander verrühren.

Für 4 Portionen

500 g Rindfleisch
1 Eiweiß
1 El Maisstärke
4 El Sojasauce
2 Zwiebeln
2 Knoblauchzehen
je 1 gelbe und grüne
Paprikaschote
2 Chilischoten
1 kleine Stange Porree
1 kleine Aubergine
1 Stück frischer Ingwer
(ca. 3 cm)
1 Tl Zucker
1 Tl Reisessig
2 El Reiswein
Salz
Pfeffer
Öl zum Braten

Zubereitungszeit: ca. 20 Minuten
(plus Bratzeit)

Pro Portion ca. 278 kcal/1165 kJ
29 g E · 11 g F · 12 g KH

145

Für 4 Portionen

12 Hühnerflügel
Salz
Pfeffer
3 El Sesamöl
4–5 El dünnflüssiger Honig
5 El Pflanzenöl
1 Orange
1 1/2 El Zucker

Zubereitungszeit: ca. 40 Minuten
(plus Marinierzeit)

Pro Portion ca. 482 kcal/2025 kJ
26 g E · 39 g F · 10 g KH

HÜHNERFLÜGEL MIT ORANGEN-SAUCE

Hühnerflügel mit Salz und Pfeffer würzen. Sesamöl mit Honig verrühren und mit den Hühnerflügeln sorgfältig vermischen, 30 Minuten ziehen lassen.

Das Pflanzenöl in einem Wok erhitzen und die Hühnerflügel darin von jeder Seite ca. 4 Minuten kräftig anbraten, bis sie fast gar sind. Den Wok vom Herd nehmen, Hähnchenflügel herausnehmen und warm halten, Bratensud beiseitestellen, Orange heiß abwaschen, trocken reiben und die Schale abreiben. Das Fruchtfleisch auspressen.

Zucker ohne Rühren langsam erhitzen, bis der Zucker karamellisiert, dann vom Herd nehmen. Orangensaft und Bratensud dazugeben. Bei geringer Hitze rühren, bis eine glatte Sauce entsteht. Eventuell noch etwas Wasser oder Orangensaft hinzugießen.

Die Hälfte der geriebenen Orangenschale unterrühren und 3 Minuten mitköcheln. Hühnerflügel anrichten, die Orangensauce über die Flügel gießen, alles mit der restlichen Orangenschale bestreuen und servieren.

KARTOFFELSALAT MIT LAMMKOTELETTS

Für 4 Portionen

1 kg kleine, vorwiegend fest
kochende Kartoffeln
Salz
1 rote Zwiebel
3 El Weißwein-Essig
6 El Rapsöl
1 Tl mittelscharfer Senf
Pfeffer
150 g Brunnenkresse
1 kleines Bund Sauerampfer
8 Lammkoteletts
3 El Butterschmalz
Kapuzinerkresseblüten
zum Garnieren

Zubereitungszeit: ca. 30 Minuten
(plus Marinier- und Garzeit)

Pro Portion ca. 950 kcal/3990 kJ
52 g E · 64 g F · 45 g KH

Die Kartoffeln waschen und gründlich abbürsten, je nach Größe eventuell halbieren. In kochendem Salzwasser 20–25 Minuten gar kochen, abgießen und gut abtropfen lassen.

Die Zwiebel schälen und fein hacken. Mit Essig, Öl, Senf, Salz und Pfeffer verrühren und die Kartoffeln darin 30–60 Minuten marinieren.

Brunnenkresse und Sauerampfer putzen, waschen und in mundgerechte Stücke zupfen.

Die Lammkoteletts mit Salz und Pfeffer einreiben. Im heißen Butterschmalz 2–3 Minuten von jeder Seite braten.

Die vorbereiteten Kräuter unter den Kartoffelsalat heben, alles mit Salz und Pfeffer abschmecken und mit Blüten garnieren. Zu den Lammkoteletts servieren.

Für 4 Portionen

150 g Rucola
500 g grüne Bohnen
Salz
3 Knoblauchzehen
5 El Olivenöl
Pfeffer
12 Lammkoteletts
5 Zweige Rosmarin
1 Tl Fenchelsamen

Zubereitungszeit: ca. 40 Minuten

Pro Portion ca. 511 kcal/2143 kJ
26 g E · 43 g F · 6 g KH

LAMMKOTELETTS MIT RUCOLA

Den Rucola putzen, waschen und trocken schleudern. Die Bohnen putzen, waschen und in kochendem Salzwasser ca. 9 Minuten garen. Abgießen, in Eiswasser abschrecken und dann abtropfen lassen.

Den Knoblauch schälen und fein hacken. 2 El Olivenöl in einer Pfanne erhitzen. Bohnen und Knoblauch darin ca. 6 Minuten bei mittlerer Hitze ohne Farbe dünsten, mit Salz und Pfeffer würzen.

Die Koteletts waschen, trocken tupfen, beide Seiten salzen und pfeffern. Den Rosmarin waschen, trocken tupfen und mit der Küchenschere grob zerteilen.

Das restliche Olivenöl in einer Pfanne erhitzen, die Koteletts zusammen mit dem Fenchelsamen und dem Rosmarin von jeder Seite ca. 3 Minuten braten.

Den Rucola unter das Bohnengemüse mischen und zusammen mit den Lammkoteletts servieren.

Für 4 Portionen

4 Scheiben Kalbshaxe
mit Knochen
2 El Mehl
2 El Olivenöl
2 Zwiebeln
1 Knoblauchzehe
1 Möhre
1/2 Stangensellerie
200 g passierte Tomaten
(aus der Dose)
200 ml trockener Rotwein
Fleischbrühe
1 Lorbeerblatt
Salz
Pfeffer
4 El frisch gehackte,
gemischte Kräuter
abgeriebene Schale einer
Zitrone

Zubereitungszeit: ca. 20 Minuten
(plus Schmor- und Garzeit)

Pro Portion ca. 459 kcal/1928 kJ
64 g E · 18 g F · 3 g KH

Ossobuco

Die Fleischscheiben mit dem Mehl bestäuben und im Bräter im heißen Olivenöl von allen Seiten gut anbraten. Dann aus der Pfanne nehmen.

Die Zwiebeln und den Knoblauch schälen und fein hacken. Möhre und Sellerie putzen, waschen und klein schneiden. Das Gemüse mit Zwiebeln und Knoblauch in die Pfanne geben und 3 Minuten andünsten. Die Tomaten zugeben und mit dem Wein aufgießen. Aufkochen lassen.

Die Fleischscheiben in die Sauce legen und mit Brühe auffüllen, bis alles gut bedeckt ist. Lorbeerblatt und die Hälfte der Kräuter zugeben. Den Bräter mit dem Deckel verschließen und das Fleisch etwa 1,5 Stunden schmoren. Nach 30 Minuten Schmorzeit das Fleisch wenden und würzen.

Nach der Garzeit das Lorbeerblatt entfernen und die restlichen Kräuter einrühren. Ist die Sauce zu dick, mit etwas Wein, Brühe oder Wasser strecken. Ossobuco mit Sauce überzogen und mit etwas abgeriebener Zitronenschale bestreut servieren.

Für 4 Portionen

300 g grüne Trauben
50 g Rosinen
4 cl Armagnac
1/2 El Fünf-Gewürz-Pulver
500 g Hasenfilet
2–3 El Sesamöl
100 g Speckwürfel
Salz
Pfeffer
100 g Linsensprossen

Zubereitungszeit: ca. 30 Minuten
(plus Marinier- und Bratzeit)

Pro Portion ca. 516 kcal/2165 kJ
30 g E · 34 g F · 21 g KH

HASENFILET MIT TRAUBEN

Die Trauben waschen, halbieren und die Kerne entfernen. Die Trauben mit den Rosinen, dem Armagnac und dem Fünf-Gewürz-Pulver mischen und ca. 10–15 Minuten marinieren.

Das Hasenfilet in feine Streifen schneiden. Das Öl im Wok erhitzen und die Fleischstreifen zusammen mit den Speckwürfeln unter Rühren ca. 4 Minuten braten.

Die Traubenmischung dazugeben und alles ca. 4 Minuten schmoren lassen. Mit Salz und Pfeffer kräftig abschmecken. Die Linsensprossen waschen, gut abtropfen lassen und dazugeben. Ca. 2 Minuten unter Rühren erwärmen, anrichten und servieren.

MONGOLISCHES LAMMFILET

Lammfleisch quer zur Faser in Scheiben schneiden. Knoblauch, Ingwer und Zwiebeln schälen. Die Zwiebeln vierteln, Knoblauch und Ingwer fein hacken. Mit Hoisin-Sauce und Sesamöl vermischen. Fleisch darin wenden und zugedeckt 60 Minuten im Kühlschrank ziehen lassen.

Sesamsamen in einer Pfanne ohne Fett bei mittlerer Hitze unter ständigem Rühren 3 Minuten goldbraun rösten. Anschließend herausnehmen, damit sie nicht verbrennen.

Erdnussöl in einem Wok erhitzen und die geviertelten Zwiebeln darin bei mittlerer Hitze unter Rühren ca. 10 Minuten goldbraun braten. Herausnehmen und warm halten.

Den Wok wieder erhitzen und das Fleisch portionsweise bei starker Hitze anbraten. Anschließend das gesamte Fleisch wieder in den Wok zurückgeben. Die Frühlings-zwiebeln putzen, waschen, trocknen und in Ringe schnei-den.

Stärke mit Sojasauce und Reiswein glatt verrühren und zugießen. Fleisch bei starker Hitze unter Rühren weiter-braten, bis es gar ist und die Sauce andickt. Fleisch auf den Zwiebeln anrichten, mit geröstetem Sesam und Frühlingszwiebeln bestreut servieren.

Für 4 Portionen

1 kg Lammfleisch
3 Knoblauchzehen
1 Stück frischer Ingwer
(ca. 2 cm)
4 große Zwiebeln
1 El Hoisin-Sauce
1 El Sesamöl
2 El Sesamsamen
2 El Erdnussöl
1/2 Bund Frühlingszwiebeln
3 Tl Stärke
3 El Sojasauce
75 cl Reiswein

Zubereitungszeit: ca. 40 Minuten
(plus Marinier- und Bratzeit)

Pro Portion ca. 418 kcal/1757 kJ
53 g E · 14 g F · 12 g KH

153

SCHWEINEBRATEN IN MILCH

Das Fleisch in eine große Schüssel legen. Knoblauch schälen, in Scheiben schneiden und zum Fleisch geben. Den Wein darübergießen und das Fleisch etwa 48 Stunden an einem kühlen Ort marinieren lassen.

Das Fleisch aus der Marinade nehmen und trocken tupfen. Das Mehl darüberstäuben. Die Butter in einem großen Bräter erhitzen und die Keule darin von allen Seiten gut anbraten.

Rosmarin waschen und die Nadeln fein hacken. Mit der Milch zum Fleisch geben und mit Salz und Pfeffer würzen. Den Bräter abdecken und den Schweinebraten etwa 2 Stunden bei 170 °C im Ofen garen.

Keule aus dem Bräter nehmen, in Alufolie wickeln und auf eine Platte legen. Bratensauce aufkochen und sämig einkochen lassen. Das Fleisch in Scheiben schneiden und mit der Milchsauce servieren.

Für 4 Portionen

1 kg Schweinekeule
ohne Knochen
1 Knoblauchzehe
500 ml trockener Weißwein
5 El Butter
1 Rosmarinzweig
750 ml Milch
Salz
Pfeffer
Mehl zum Bestäuben

Zubereitungszeit: ca. 20 Minuten
(plus Marinier- und Garzeit)

Pro Portion ca. 510 kcal/2142 kJ
48 g E · 29 g F · 12 g KH

LAMM-BIRYANI

Für 4 Portionen

1 Tl Safranfäden
250 g Basmatireis
2 Knoblauchzehen
2 Zwiebeln
1 Stück frischer Ingwer
(ca. 2 cm)
600 g Lammfleisch
ohne Knochen
2 Gewürznelken
$1/2$ Tl schwarze
Pfefferkörner
2 grüne Kardamomkapseln
1 Tl Kreuzkümmelsamen
2 cm Zimtstange
2 El Ghee oder
Butterschmalz
Muskatnuss
Chilipulver
180 g Natur-Joghurt
4 El Rosinen
Salz
4 El geröstete
Mandelblättchen

Zubereitungszeit: ca. 40 Minuten
(plus Brat- und Garzeit)

Pro Portion ca. 542 kcal/2277 kJ
39 g E · 13 g F · 66 g KH

Safran in lauwarmem Wasser einweichen und beiseitestellen. Basmatireis waschen und ca. 30 Minuten in kaltem Wasser einweichen.

Knoblauch und Zwiebeln schälen, Zwiebeln in Scheiben schneiden. Ingwer schälen und reiben. Lammfleisch in mundgerechte Stücke schneiden.

Knoblauch mit Ingwer, Gewürznelken, Pfeffer, Kardamom, Kreuzkümmel und Zimt im Mörser fein zerstoßen.

Zwiebeln im Fett goldbraun anbraten. Gewürzmischung, etwas frisch geriebene Muskatnuss und Chilipulver 1 Minute unter Rühren erhitzen. Lammfleisch zugeben und gleichmäßig rundum anbraten.

Den Joghurt mit den Rosinen und das Safranwasser unterrühren, aufkochen und etwa 40 Minuten kochen lassen. Gegebenenfalls mit etwas Salz nachwürzen.

Salzwasser aufkochen, Reis darin kurz aufkochen lassen und bei kleinster Hitze ca. 10 Minuten gar ziehen lassen. Reis mit den gerösteten Mandeln bestreuen und mit dem Fleisch servieren.

Für 4 Portionen

500 g Lammrücken,
ohne Knochen
1 Tl Currypulver
1 Tl Kreuzkümmelpulver
1 Tl Koriandersamen
3 Schalotten
2 Knoblauchzehen
400 g frischer Blattspinat
4 El Pflanzenöl
$1/2$ Tl Chiliflakes
1 Tl Hoisin-Sauce

Zubereitungszeit: ca. 25 Minuten

Pro Portion ca. 278 kcal/1166 kJ
30 g E · 13 g F · 10 g KH

LAMMRÜCKEN MIT SPINAT

Das Lammfleisch in dünne Scheiben schneiden. Mit Curry, Kreuzkümmel und zerstoßenen Koriandersamen vermischen.

Die Schalotten schälen und in feine Streifen schneiden, den Knoblauch schälen und fein hacken. Den Spinat putzen, waschen und trocken schütteln.

Das Öl im Wok erhitzen, Schalotten und Knoblauch darin scharf anbraten, Chiliflakes zugeben. Danach das Fleisch und die Hoisin-Sauce zugeben und scharf anbraten. Den Spinat ebenfalls hinzufügen und zusammenfallen lassen. Mit etwas Wasser ablöschen und vorsichtig verrühren.

157

Für 4 Portionen

300 g Pfifferlinge
500 g Rehrückenfilet
(küchenfertig)
Salz
Pfeffer
5 El Olivenöl
30 g Walnüsse
4 El Walnussöl
3 El Himbeeressig
40 g Tannenhonig
3 El gehackte Petersilie
2 El Preiselbeeren

Zubereitungszeit: ca. 30 Minuten
(plus Gar- und Bratzeit)

Pro Portion ca. 413 kcal/1739 kJ
29 g E · 29 g F · 9 g KH

REHRÜCKEN MIT VINAIGRETTE

Die Pfifferlinge putzen, wenn nötig waschen, dann aber gut abtrocknen. Rehrückenfilet salzen und pfeffern. Backofen auf 180 °C (Umluft 160 °C) vorheizen.

In einer Pfanne 2 Esslöffel Olivenöl erhitzen und die Filets von jeder Seite ca. 1 Minute anbraten. Im vorgeheizten Backofen auf der 2. Einschubleiste von unten ca. 7 Minuten garen. Dann aus dem Ofen nehmen, in Alufolie wickeln und bis zum Servieren ruhen lassen.

Die Walnüsse in 2 Esslöffeln Nussöl unter Wenden kurz rösten, dann beiseitestellen. Aus Himbeeressig, Honig, restlichem Nussöl, Salz und Pfeffer eine Vinaigrette zubereiten.

Die Pfifferlinge im restlichen Olivenöl bei starker Hitze scharf anbraten, ca. 7 Minuten weiterbraten, dann mit Salz, Pfeffer und Petersilie abschmecken.

Den Rehrücken in Scheiben schneiden und auf die Teller verteilen. Die Walnüsse, die Pfifferlinge und die Preiselbeeren darübergeben und alles mit der Vinaigrette beträufeln.

KANINCHEN IN BÄRLAUCHSAUCE

Das Kaninchen in Portionsstücke zerteilen. Die Zwiebeln schälen und vierteln. Weißwein und die Hälfte der Fleischbrühe aufkochen.

Die Kaninchenstücke mit Zwiebeln, Salz und Pfeffer hineingeben und zugedeckt ca. 1 Stunde sanft köcheln lassen, bis das Fleisch zart ist. Die Fleischstücke herausnehmen und warm stellen.

Für die Sauce den Fond durchsieben und mit der restlichen Fleischbrühe zum Kochen bringen. Die Butter mit dem Mehl gut verkneten, in die Sauce einrühren und einige Minuten köcheln lassen.

Den Bärlauch putzen, waschen und in feine Streifen schneiden. Bärlauch und saure Sahne unter die Sauce rühren und mit Salz und etwas Zitronensaft abschmecken. Die Fleischstücke in der Sauce nochmals erhitzen und servieren.

Für 4 Portionen

1 küchenfertiges Kaninchen
2 Zwiebeln
125 ml Weißwein
400 ml Fleischbrühe
Salz
Pfeffer
2 El Butter
2 El Mehl
60 g Bärlauch
300 ml saure Sahne
Zitronensaft

Zubereitungszeit: ca. 30 Minuten
(plus Kochzeit)

Pro Portion ca. 435 kcal/1827 kJ
38 g E · 26 g F · 8 g KH

Für 4 Portionen

Für die Mojo verde
6 Knoblauchzehen
2 grüne Chilis
75 ml Sonnenblumenöl
50 ml Olivenöl
125 ml frisch gepresster
Limettensaft
1-2 Tl Kreuzkümmelpulver
Salz
schwarzer Pfeffer
1 Bund Koriander

Für die Steaks
4 Rumpsteaks
Salz
Pfeffer
2 El Olivenöl
1 Gemüsezwiebel
1 Limette

Zubereitungszeit: ca. 40 Minuten
(plus Zeit zum Ziehen)

Pro Portion ca. 464 kcal/1944 kJ
41 g E · 29 g F · 10 g KH

RUMPSTEAKS MIT MOJO VERDE

Für die Mojo verde den Knoblauch schälen und fein hacken. Die Chilis längs halbieren, entkernen, waschen und hacken. Beide Ölsorten in einem Topf erhitzen und den Knoblauch darin hellbraun anschwitzen. Chilis, Limettensaft, Kreuzkümmel und je 1 Tl Salz und Pfeffer dazugeben. Einmal aufkochen lassen, dann auf Zimmertemperatur abkühlen lassen.

Den Koriander waschen, trocken schütteln und die Blättchen von den Stielen zupfen. Blättchen hacken und in die Sauce geben. Mojo verde ca. 30 Minuten ziehen lassen und bei Bedarf nochmals abschmecken.

Die Steaks salzen und pfeffern. Das Olivenöl in einer Pfanne erhitzen und das Fleisch darin von beiden Seiten ca. 4 Minuten braten. Die Gemüsezwiebel schälen und in Ringe schneiden. Die Steaks aus der Pfanne nehmen und warm halten. Die Zwiebelringe im Bratfett rösten. Die Steaks mit Zwiebeln, Mojo verde und Limettenachteln servieren.

162

RINDERFILET MIT PFEFFERKRUSTE

Das Rinderfilet waschen, trocken tupfen und mit Salz würzen. Alle Pfefferkörner in einem Mörser grob zerstoßen und in eine flache Schale geben. Das Rinderfilet mit der runden Oberseite in die Pfeffermischung drücken.

Das Öl in einer Pfanne erhitzen, das Filet darin bei mittlerer Hitze von allen Seiten ca. 2 Minuten anbraten, dann im vorgeheizten Backofen auf der 2. Schiene von unten bei 200 °C (Umluft nicht empfehlenswert) ca. 20 Minuten braten. Das Filet herausnehmen, in Alufolie wickeln und ca. 6 Minuten ruhen lassen.

Aceto balsamico und Zucker bei starker Hitze 5 Minuten einkochen lassen, den Fond dazugeben und weitere 8 Minuten kochen, sodass ca. 60 ml Sauce übrig bleiben.

Den Rucola putzen, waschen und trocken schleudern. Die Radieschen putzen, waschen, halbieren oder vierteln. Das Filet aus der Folie nehmen, aufschneiden, auf eine Platte legen und mit Rucola, Radieschen und Sauce anrichten.

Für 4 Portionen

600 g Rinderfilet
Salz
8 El gemischte, getrocknete Pfefferkörner (rosa, schwarz, weiß, grün)
4 El Olivenöl
200 ml Aceto balsamico
1 El Zucker
200 ml Gemüsefond
150 g Rucola
150 g Radieschen

Zubereitungszeit: ca. 20 Minuten (plus Brat- und Kochzeit)

Pro Portion ca. 370 kcal/1556 kJ
33 g E · 16 g F · 24 g KH

Für 4 Portionen

100 g Walnüsse
750 g Lauch
500 g Rinderfilet
250 g Mascarpone
Salz
3 El Aceto balsamico
2 Eigelb
4 El Öl
weißer Pfeffer
500 g breite Bandnudeln

Zubereitungszeit: ca. 30 Minuten
(plus Garzeit)

Pro Portion ca. 799 kcal/3341 kJ
36 g E · 43 g F · 62 g KH

BANDNUDELN MIT FILET

Die Walnüsse grob hacken. Den Lauch putzen und waschen, das Weiße und Hellgrüne in ca. 0,5 cm breite Ringe schneiden. Das Rinderfilet waschen, trocknen, zuerst in 0,5 cm dicke Scheiben und dann in Streifen schneiden.

Für die Sauce den Mascarpone in einen Topf geben. Salz und Aceto balsamico mit dem Schneebesen unterrühren. Die Mischung erwärmen und das Eigelb unterschlagen, dabei die Sauce erhitzen, aber nicht kochen, damit das Eigelb nicht stockt, sondern nur bindet.

Das Öl auf zwei Pfannen verteilen und erhitzen. In der einen Pfanne die Filetstreifen portionsweise 1–2 Minuten sehr heiß anbraten. In der anderen Pfanne den Lauch 4–5 Minuten unter Wenden dünsten, dann die Walnüsse untermischen. Fleisch und Lauch salzen und pfeffern.

Die Bandnudeln nach Packungsanweisung in reichlich kochendem Salzwasser bissfest garen, anschließend abtropfen lassen. Die Nudeln mit dem Lauch und den Filetstreifen mischen und die Mascarponesauce darüberverteilen.

FISCH UND MEERESFRÜCHTE

Für 4 Portionen

150 g grüne Puy-Linsen
2 Schalotten
1 große Möhre
1/2 Stange Porree
30 g Butter
1 Lorbeerblatt
200 ml kräftige
Gemüsebrühe
600 g Zanderfilet
100 g durchwachsener
Speck in Scheiben
2 EL Olivenöl
Meersalz
Pfeffer
2 Stängel Thymian
1 TL Zitronensaft
100 ml Schlagsahne

Zubereitungszeit: ca. 20 Minuten
(plus Koch- und Bratzeit)

Pro Portion ca. 475 kcal/1993 kJ
42 g E · 25 g F · 22 g KH

ZANDER AUF PUY-LINSEN

Die Linsen in ein Sieb geben, abspülen und abtropfen lassen, Schalotten schälen und würfeln. Möhre waschen und schälen, Porree waschen und putzen und beides in feine Würfel schneiden.

1 EL Butter erhitzen, Schalotten zugeben und kurz dünsten. Linsen, Lorbeerblatt und Brühe dazugeben, aufkochen und 10 Minuten bei kleiner Hitze kochen lassen. Gemüse dazugeben und mit Deckel 10 Minuten weiterkochen.

Das Fischfilet kalt abspülen, trocken tupfen und in 4 Portionen schneiden. Speckscheiben in feine Streifen schneiden.

Restliche Butter und Öl in einer Pfanne erhitzen, Fischfilets von beiden Seiten jeweils etwa 2 Minuten braten. Mit Salz und Pfeffer würzen, herausnehmen und warm stellen.

Speckstreifen ins restliche Bratfett geben und knusprig braten. Thymian waschen, trocken schütteln und die Blättchen abzupfen. Kurz vorm Servieren Sahne steif schlagen und mit dem Thymianblättchen zu den Linsen geben.

Mit Meersalz, Pfeffer und etwas Zitronensaft abschmecken. Linsen und Zander zusammen anrichten und die Speckbutter darübergießen.

168

FORELLE BLAU

Für 4 Portionen

1 kleine Zwiebel
1 Möhre
1 Zitrone
2 Lorbeerblätter
125 ml trockener Weißwein
4 küchenfertige Forellen
(à ca. 250 g)
1 El Salz
¼ Bund Petersilie

Zubereitungszeit: ca. 20 Minuten
(plus Garzeit)

Pro Portion ca. 345 kcal/1449 kJ
58 g E · 7 g F · 5 g KH

In einem breiten Topf ca. 2 l Wasser zum Kochen bringen. Die Zwiebel waschen, aber nicht schälen. Die Möhre waschen, schälen und klein schneiden. Die Zitrone waschen und eine Hälfte in Scheiben schneiden.

Zwiebel und Möhren in das kochende Wasser geben. Lorbeerblätter, Zitronenscheiben und Wein hinzufügen und den Sud ca. 30 Minuten köcheln lassen.

Die Forellen unter fließendem Wasser reinigen und trocken tupfen, die Haut dabei nicht verletzen. Den Sud salzen und die Forellen in den Sud legen.

Den Sud einmal aufkochen lassen und die Forellen anschließend bei geringer Hitze ca. 10 Minuten gar ziehen lassen. Die Forellen sind gar, wenn sich die Rückenflosse leicht herauszupfen lässt. Die Petersilie waschen, trocknen und fein hacken. Die Forellen aus dem Fischsud heben und anrichten. Die Forellen mit der Petersilie und der restlichen Zitrone garnieren.

DORADE IM KRÄUTERSUD

Für 2 Portionen

1 küchenfertige Dorade
(ca. 500 g)
1 Bund Basilikum
1 Bund Estragon
$1/2$ Bund Petersilie
2 Knoblauchzehen
6 El Olivenöl
2 El Sherry-Essig
150 ml Fischfond
Salz
Pfeffer
1 kleiner Zweig Lorbeer
Fett für die Form

Zubereitungszeit: ca. 20 Minuten
(plus Garzeit)

Pro Portion ca. 472 kcal/1980 kJ
45 g E · 33 g F · 1 g KH

Die Dorade abspülen und trocken tupfen. Backofen auf
200 °C (Umluft 180 °C, Gas Stufe 4) vorheizen.

Basilikum, Estragon und Petersilie abspülen und trocken
schütteln. Die Knoblauchzehen schälen und grob zerkleinern.

Die Blätter von je 3 Stängeln Basilikum und Estragon
zusammen mit dem Knoblauch, Öl, Essig und Fischfond
mit dem Stabmixer nur kurz pürieren, also nicht zu fein.
Mit Salz und Pfeffer würzen.

Die Dorade von innen und außen leicht salzen. Petersilie,
Lorbeerzweig, restliches Basilikum und Estragon im
Ganzen um die Dorade legen.

Eine ofenfeste Form einfetten, den Fisch hineinlegen
und die Kräutersauce darübergießen. Im Backofen
ca. 35 Minuten garen. Der Fisch ist gar, wenn sich die
obere Flosse leicht herausziehen lässt.

Für 4 Portionen

Für die Sauce
3 Knoblauchzehen
2 Schalotten
je 1 rote und grüne frische
Chilischote
3 Stangen Zitronengras
2 El Olivenöl
2 El Austernsauce
Saft von 1/2 Zitrone
1 Bund Basilikum
1 Bund Schnittlauch
1 Bund glatte Petersilie
Salz
Pfeffer
etwas Himbeersirup

**Für den
Limettenschnee**
500 g mehlig kochende
Kartoffeln
150 ml Milch
25 g Butter
abgeriebene Schale von 2
unbehandelten Limetten

Außerdem
700 g Doradenfilet
4 El Olivenöl
1 El rosa Pfefferbeeren

Zubereitungszeit: ca. 30 Minuten
(plus Koch- und Bratzeit)

Pro Portion ca. 399 kcal/1676 kJ
37 g E · 18 g F · 22 g KH

DORADE MIT LIMETTENSCHNEE

Für die Sauce den Knoblauch und die Schalotten schälen und in feine Würfel schneiden. Die Chilis aufschneiden, die Kerne entfernen und innen und außen waschen. Dann trocken tupfen und fein hacken.

Den weißen Teil des Zitronengras mehrmals einritzen. Das Öl in einer Pfanne erhitzen und alle vorbereiteten Zutaten andünsten. Die Austernsauce, den Zitronensaft und ca. 80 ml Wasser hinzufügen, aufkochen und alles ca. 5 Minuten köcheln lassen.

Die Kräuter waschen, trocken schütteln, einige Schnittlauchhalme beiseitelegen, den Rest hacken. Das Zitronengras aus dem Sud nehmen, die Kräuter in den Sud geben. Mit dem Stabmixer pürieren und mit Salz, Pfeffer und etwas Himbeersirup abschmecken. Alles abkühlen lassen.

Für den Limettenschnee die Kartoffeln 20 Minuten gar kochen, die Milch erwärmen und die Butter darin schmelzen. Noch heiß die Kartoffeln pellen und durch die Kartoffelpresse drücken oder die Kartoffeln stampfen. Die Kartoffelmasse mit der Milch verrühren, die Limettenschale dazugeben und alles mit Salz und Pfeffer würzen.

Die Doradenfilets in 2 cm breite Streifen schneiden, salzen und pfeffern. Im heißen Olivenöl etwa 5 Minuten braten, dann mit der Basilikumsauce mischen. Den Limettenschnee auf vier Teller häufen und die Doradenstreifen mit der Sauce daraufsetzen. Mit angedrückten rosa Pfefferbeeren bestreuen und mit den beiseitegelegten Schnittlauchhalmen garnieren.

Für 4 Portionen

600 g Lachsfilet
200 g geschälte, frische
Riesengarnelen
1 El Zitronensaft
6 Schalotten
1 rote Paprika
1/2 Zucchini
Salz
Pfeffer
Kardamom- und
Ingwerpulver
5–6 El Sesamöl

Zubereitungszeit: ca. 30 Minuten
(plus Bratzeit)

Pro Portion ca. 642 kcal/2698 kJ
39 g E · 26 g F · 4 g KH

FEINE LACHSSPIESSE

Das Fischfilet und die Garnelen waschen und trocknen.
Fisch in mittelgroße Würfel schneiden. Mit dem Zitronensaft beträufeln. Garnelen entdarmen.

Die Schalotten schälen und halbieren. Die Paprika putzen,
waschen, halbieren, entkernen und in Stücke schneiden.
Die Zucchini putzen, waschen und in Scheiben schneiden.

Die Fischwürfel abwechselnd mit Schalotten, Paprika
und Riesengarnelen auf Spieße stecken. Die Spieße mit
Salz, Pfeffer, Kardamom- und Ingwerpulver würzen.

Das Öl in einer Pfanne erhitzen und die Lachsspieße
darin von allen Seiten ca. 6–8 Minuten braten.
Herausnehmen, anrichten und servieren. Dazu passen
Bandnudeln in Dillsauce.

LACHSFORELLE IM FRACK

Den Backofen auf 180 °C vorheizen. Den Fisch innen und außen waschen, trocknen und mit Zitronensaft beträufeln. Dann mit Salz und Pfeffer würzen. Den Sellerie putzen, waschen und in Stücke schneiden.

Die Tomaten putzen, waschen, halbieren und in schmale Spalten schneiden. Die Kräuter auftauen lassen und 30 g davon mit Sellerie und Tomaten mischen.

Alles in die Forelle füllen. Die Öffnung mit Holzspießen feststecken. Ausreichend Alufolie mit 20 g Grillbutter einfetten, den Fisch darauflegen und mit Whiskey beträufeln. Die restliche Butter in Flöckchen auf dem Fisch verteilen. Die restlichen Kräuter darüberstreuen.

Die kurzen Seiten der Folie nach innen, die langen Seiten darüberschlagen, sodass der Fisch komplett verpackt ist. Den Fisch auf der mittleren Einschubleiste ca. 40 Minuten garen. Anrichten und mit Reis servieren.

Für 4 Portionen

1 küchenfertige Lachsforelle (ca. 1,5 kg)
1 El Zitronensaft
Salz
Pfeffer
6 Stangen Sellerie
8 Tomaten
50 g gemischte, gehackte frische Kräuter
(z.B. Petersilie, Basilikum, Schnittlauch, Rosmarin)
80 g Grillbutter
2 cl Whiskey

Zubereitungszeit: ca. 20 Minuten (plus Garzeit)

Pro Portion ca. 485 kcal/2037 kJ
74 g E · 40 g F · 11 g KH

ZANDERFILET MIT KRÄUTER-KRUSTE

Für 4 Portionen

4 mittelgroße Champignons
4 Schalotten
je 1/2 Bund glatte Petersilie,
Basilikum und Schnittlauch
100 g Butter
40 g Semmelbrösel
1 hart gekochtes Eigelb
4 Zanderfilets mit Haut
(à etwa 150 g)
Salz
Pfeffer
100 ml trockener Weißwein
(oder Gemüsebrühe und
1 EL Zitronensaft)
Fett für die Form

Zubereitungszeit: ca. 30 Minuten
(plus Garzeit)

Pro Portion ca. 393 kcal/1649 kJ
32 g E · 26 g F ·10 g KH

Die Champignons putzen, eventuell feucht abreiben und fein hacken. Schalotten schälen und fein würfeln. Petersilie und Basilikum waschen, trocken tupfen und Blättchen von den Stielen zupfen. Einige Petersilienblätter zum Garnieren beiseitelegen. Backofen auf 225 °C (Umluft 200 °C, Gas Stufe 4) vorheizen.

Restliche Petersilie und das Basilikum hacken, Schnittlauch in feine Röllchen schneiden. Alle vorbereiteten Zutaten mit weicher Butter, Semmelbröseln und dem zerdrückten Eigelb verkneten.

Fisch waschen, trocken tupfen und mit Salz und Pfeffer würzen. Mit der Hautseite nach unten in eine gefettete Form legen. Fischfilets mit der vorbereiteten Pilz-Kräuter-Mischung gleichmäßig bestreichen.

Wein zugießen und den Fisch im vorgeheizten Backofen ca. 12 Minuten garen. Mit den Petersilienblättern garnieren.

Für 4 Portionen

400 g küchenfertige
Riesengarnelen
40 g Krebspaste
1 Zwiebel
1 El Mehl
250 ml Schlagsahne
250 ml Weißwein
400 g Muschelnudeln
Salz
1 Bund Dill
1 Orange
Orangensaft zum Auffüllen
Pfeffer

Zubereitungszeit: ca. 30 Minuten
(plus Kochzeit)

Pro Portion ca. 718 kcal/3004 kJ
34 g E · 31 g F · 69 g KH

MUSCHELNUDELN MIT GARNELEN

Die Garnelen entdarmen, waschen und gut trocken tupfen. Anschließend in der zerlassenen Krebspaste von jeder Seite ca. 1 Minute braten, dann mit einer Schaumkelle aus der Pfanne nehmen.

Die Zwiebel schälen, in feine Würfel schneiden und in der verbliebenen Paste andünsten. Mit Mehl bestäuben und kurz anschwitzen. Die Sahne und den Wein dazugießen. Alles gut verrühren, damit keine Klümpchen entstehen, dann ca. 10 Minuten bei milder Hitze köcheln lassen. Die Muschelnudeln nach Packungsanweisung in reichlich Salzwasser bissfest garen.

Die Garnelen in die Sauce geben und 2 Minuten garen. Dill waschen, trocknen, etwas zum Garnieren beiseitelegen, den Rest hacken. Orange waschen, Schale abreiben und das Fruchtfleisch auspressen. Mit dem Saft auf 125 ml auffüllen. Gehackten Dill mit Orangenschale und Orangensaft in die Sauce geben. Salzen und pfeffern.

Die Muschelnudeln abtropfen lassen. Mit der Orangensauce anrichten. Mit dem restlichen Dill garnieren.

PROSECCO-RISOTTO MIT GARNELEN

Die Schalotten schälen und in feine Würfel schneiden.
4 El Olivenöl und einen Esslöffel Butter in einer Pfanne
erhitzen. Die Schalotten darin andünsten. Parallel den
Fischfond in einem zweiten Topf erhitzen.

Den Reis zu den Schalotten geben und unter Rühren glasig
dünsten. Champagner zugießen und alles leicht salzen.
Den heißen Fischfond nach und nach unter ständigem
Rühren zufügen. Das Risotto etwa 20 Minuten garen.

Die Riesengarnelen waschen, trocken tupfen und im
restlichen heißen Olivenöl von jeder Seite etwa 3 Minuten
braten. Danach leicht salzen und pfeffern.

Das Risotto ist dann gar, wenn es eine geschmeidige
Konsistenz hat, aber noch ein wenig Biss. Dann mit Salz
abschmecken. Kurz vor dem Servieren noch einen Esslöffel Butter unterrühren. Die Petersilie waschen, trocken
schütteln und die Blättchen abzupfen und hacken.
Die Riesengarnelen auf dem Risotto anrichten. Mit der
Petersilie bestreuen.

Für 4 Portionen

2 Schalotten
8 El Olivenöl
2 El Butter
1 l Fischfond (aus dem Glas)
280 g Risotto-Reis
$^1/_4$ l trockener Prosecco
Salz
8 große, rohe, ausgelöste
und entdarmte Riesen-
garnelenschwänze
Pfeffer
$^1/_2$ Bund glatte Petersilie

Zubereitungszeit: ca. 30 Minuten
(plus Bratzeit)

Pro Portion ca. 683 kcal/2868 kJ
28 g E · 32 g F · 62 g KH

Für 4 Portionen

300 g Lasagneblätter
Salz
300 g Lachsfilet
2 El Zitronensaft
3 El Butter
1 Zwiebel, gewürfelt
1 Knoblauchzehe, gehackt
100 ml Weißwein
250 ml Sahne
Pfeffer
abgeriebene Schale
von 1/2 Zitrone
100 g Gorgonzola
100 g Pecorino
50 g Butterflöckchen
zum Bestreuen
Kräuter zum Garnieren
Butter für die Form

Zubereitungszeit: ca. 30 Minuten
(plus Garzeit)

Pro Portion ca. 948 kcal/3981 kJ
37 g E · 63 g F · 41 g KH

LACHS-LASAGNE

Die Lasagneblätter in kochendem Salzwasser
ca. 10 Minuten bissfest kochen. Den Lachs waschen,
trocken tupfen, mit Zitronensaft beträufeln und
salzen. Anschließend in Würfel schneiden.

Die Butter in einer Pfanne erhitzen, Zwiebeln und
Knoblauch darin andünsten. Anschließend den Fisch dazugeben. Mit dem Weißwein ablöschen, die Sahne einrühren, kurz einkochen lassen und mit Salz und Pfeffer
würzen. Den Backofen auf 250 °C (Umluft 220 °C)
vorheizen.

Die Zitronenschale unter die Sauce rühren. Den Gorgonzola
mit einer Gabel zerdrücken, den Pecorino hobeln.
Die Lasagneplatten abgießen und abtropfen lassen.

Eine ofenfeste Form mit Butter ausstreichen und
abwechselnd Nudelplatten und Lachs-Sauce einfüllen.
Mit einer Schicht Nudelplatten abschließen.

Auf den Nudeln den Käse und die Butterflöckchen
verteilen. Das Ganze im Backofen auf der mittleren
Einschubleiste ca. 15 Minuten backen. Mit Kräutern
garniert servieren.

Zutaten für 4 Portionen

4 Kabeljau-Koteletts
(à 170 g)
Salz
Saft von $\frac{1}{2}$ Zitrone
100 g durchwachsener
Speck
100 g frische Shiitake-Pilze
50 g getrocknete Tomaten
in Öl
2 El entsteinte, schwarze
Oliven
2 Schalotten
30 g Butter
1 El Kapern
Pfeffer

Zubereitungszeit: ca. 20 Minuten
(plus Bratzeit)

Pro Portion ca. 328 kcal/1379 kJ
35 g E · 19 g F · 4 g KH

KABELJAU-
KOTELETTS

Fisch waschen und trocken tupfen. Salzen und mit Zitronensaft beträufeln. Speck in kleine Würfel schneiden. Die Pilze feucht abreiben und putzen. Zusammen mit den getrockneten Tomaten in feine Streifen schneiden. Die Oliven in dünne Scheiben, die Schalotten schälen und fein würfeln.

Die Butter in einer Pfanne erhitzen und den Fisch im heißen Fett bei mittlerer Hitze von jeder Seite etwa 4 Minuten braten, dabei vorsichtig wenden. Herausnehmen und warm halten.

Speck im heißen Bratfett auslassen. Schalottenwürfel und Pilze zugeben und dünsten. Vorbereitete Tomaten, Oliven und Kapern dazugeben und mit Pfeffer abschmecken. Die Specksauce zum Fisch reichen.

LACHS-MAKKARONI

Pinienkerne in einer Pfanne ohne Fett leicht rösten. Basilikum waschen, trocken schütteln und Blättchen abzupfen. Knoblauch schälen und zusammen mit dem Parmesan, dem Basilikum, den Pinienkernen und dem Fischfond im Blitzhacker oder mit dem Pürierstab fein zerkleinern.

Die Champignons putzen, feucht abreiben und in Scheiben schneiden. In heißem Öl anbraten. Die Zwiebel kurz mitbraten. Marsala zugeben und mit Salz und Pfeffer würzen.

Den Backofen auf 180 °C vorheizen (Umluft 150 °C, Gas Stufe 2). Lachs abspülen, trocken tupfen und in etwa 2 cm große Würfel schneiden. Mit Zitronensaft beträufeln und salzen.

Die Basilikumpaste unter die Makkaroni mischen. Die Makkaroni zu Strängen zusammenfassen und gedreht als Nester auf ein gefettetes Backblech setzen. Lachs und Pilze vermengen und in die Nester füllen. Den Mozzarella auf die Nester verteilen und ca. 30 Minuten überbacken.

Zutaten für 4 Portionen

20 g Pinienkerne
1 Bund Basilikum
1 Knoblauchzehe
30 g frisch geriebener
Parmesan
3 El Fischfond oder Brühe
200 g Champignons
1 El Olivenöl
1 kleine Zwiebel, gehackt
4 El Marsala oder Brühe
Salz
Pfeffer
300 g Lachsfilet
1 Zitrone
500 g Makkaroni,
gegart und abgeschreckt
200 g Mozzarella, gewürfelt
Fett für das Blech

Zubereitungszeit: ca. 30 Minuten
(plus Koch- und Backzeit)

Pro Portion ca. 807 kcal/3390 kJ
41 g E · 32 g F · 88 g KH

183

Für 4 Portionen

1 Wolfsbarsch (ca. 1,5 kg)
1 Zitrone
6 El Olivenöl
Salz
1 kg große Ofenkartoffeln
1 Bund Petersilie
4 El kleine Kapern
3 El Pinienkerne
Pfeffer
Fett für die Form,
Olivenöl zum Beträufeln

Zubereitungszeit: ca. 20 Minuten
(plus Garzeit)

Pro Portion ca. 687 kcal/2889 kJ
74 g E · 23 g F · 44 g KH

WOLFSBARSCH MIT GREMOLATA

Den Wolfsbarsch innen und außen waschen und trocken tupfen. Die Zitrone abspülen und trocken reiben. Die Schale fein abreiben und den Saft auspressen. Den Fisch mit etwas Zitronensaft und Olivenöl beträufeln und mit Salz würzen. Den Backofen auf 180 °C vorheizen. Eine ofenfeste Form einfetten und den Wolfsbarsch im vorgeheizten Ofen ca. 50 Minuten garen.

Eine halbe Stunde vor Garzeitende die Kartoffeln schälen, waschen, würfeln und ca. 15 Minuten in kochendem Salzwasser garen. Die Petersilie abspülen und trocken schütteln. Die Blättchen abzupfen und grob hacken.

Für die Gremolata die Pinienkerne in die Pfanne geben und ohne Fett goldbraun rösten. Die Pfanne vom Herd nehmen, Petersilie, abgetropfte Kapern, 2 El Olivenöl, Zitronenschale und restlichen Zitronensaft einrühren und mit Salz und Pfeffer würzen.

Die Kartoffeln abgießen, restliches Öl zugießen und stampfen. Mit Salz und Pfeffer würzen. Den Wolfsbarsch mit der Gremolata anrichten. Das Püree dazu servieren.

KARTOFFEL-LACHS-QUICHE

Die Kartoffeln waschen und ca. 20 Minuten vorgaren. Dann abgießen und ausdampfen lassen. Brokkoli waschen und ca. 2 Minuten in kochendem Salzwasser blanchieren. Abgießen, kalt abschrecken und abtropfen lassen. Backofen auf 200 °C (Umluft 180 °C, Gas Stufe 4) vorheizen.

Den Käse reiben und mit Quark, Eiern und Senf verrühren. Die Kartoffeln pellen, den Rosmarin waschen, trocken tupfen, die Nadeln abziehen und fein hacken. Die Quarkcreme mit den Kartoffel- und Lachswürfeln, den Kräutern, Salz und 2 TL Öl vermischen und mit Pfeffer abschmecken.

Restliches Öl und 1 EL Wasser verrühren. Teigblätter damit bestreichen und übereinander in eine gefettete Quicheform (Durchmesser 28 cm) legen. Die Füllung daraufgeben und glatt streichen. Überstehenden Teig innen an den Rand drücken, mit der restlichen Öl-Wasser-Mischung bestreichen und die Quiche ca. 35 Minuten backen.

Für 4 Portionen

2 Kartoffeln (ca. 400 g)
250 g Brokkoliröschen
Salz
100 g Höhlenkäse
350 g Magerquark
3 Eier
1-2 Tl Senf
3 Rosmarinzweige
150 g Stremellachs, gewürfelt
1 TL Oregano
4 TL Rapsöl
Pfeffer
2 rechteckige Yufka-/Filo-Teigblätter (160 g)
Fett für die Form

Zubereitungszeit: ca. 25 Minuten
(plus Koch- und Backzeit)

Pro Portion ca. 446 kcal/1872 kJ
32 g E · 22 g F · 30 g KH

Gemüse-Küche

Für 4 Portionen

700 g Kartoffeln
500 ml Kalbsfond
150 g geräucherte
Putenbrust
150 g Tomaten
1/2 Bund Petersilie
50 g schwarze Oliven
ohne Kern
2 Knoblauchzehen
Salz
Pfeffer aus der Mühle
1 Spritzer Zitronensaft
150 g Roquefort
50 ml Sahne
Butter für die Form

Zubereitungszeit: ca. 25 Minuten
(plus Backzeit)

Pro Portion ca. 399 kcal/1672 kJ
22 g E · 20 g F · 29 g KH

GRATIN MIT ROQUEFORT

Die Kartoffeln waschen, schälen und in hauchdünne Scheiben schneiden. Anschließend in dem Kalbsfond ca. 6 Minuten garen.

Die Putenbrust in Streifen schneiden. Eine ofenfeste Form mit Butter ausstreichen. Den Backofen auf 180 °C vorheizen. Die Kartoffeln locker in die Form schichten. Die Putenbruststreifen darauf verteilen.

Die Tomaten waschen, putzen, trocknen und in Scheiben schneiden. Die Petersilie waschen, trocken schütteln und fein hacken. Die Oliven in Scheiben schneiden. Den Knoblauch schälen und durchpressen. Die Zutaten miteinander vermengen. Mit Salz, Pfeffer und Zitronensaft würzen und über den Putenbruststreifen verteilen.

Den Roquefort mit einer Gabel zerdrücken und mit der Sahne verrühren. Die Käsemasse auf das Gratin streichen und alles im Backofen auf der mittleren Leiste ca. 20 Minuten backen.

MARINIERTES GEMÜSE

Den Backofen auf 200 °C (Umluft 180 °C) vorheizen. Die Auberginen putzen, waschen, trocknen und in Scheiben schneiden. Die Pilze putzen und feucht abreiben.

3 El Olivenöl in einer Pfanne erhitzen und die Pilze darin gut anschmoren. 2 Knoblauchzehen schälen und hacken. Wein, Zitronensaft und -schale zu den Pilzen geben und mitschmoren. Thymian waschen, trocken schütteln und im Ganzen in die Pfanne legen. Mit Salz und Pfeffer würzen. Pilze vom Herd nehmen und mindestens 2 Stunden ziehen lassen.

Eine Auflaufform mit 3 El Olivenöl ausstreichen. Die Auberginenscheiben in die Auflaufform legen. 4 Knoblauchzehen schälen und hacken. Über die Auberginen streuen und alles mit 5 El Olivenöl beträufeln. Mit Salz und Pfeffer würzen und im Ofen etwa 35 Minuten backen. Danach mit Petersilie mischen und mindestens 1 Stunde ziehen lassen.

Für 4 Portionen

500 g kleine Auberginen
500 g Champignons
125 ml Olivenöl
6 Knoblauchzehen
75 ml trockener Weißwein
Saft und Schale von
1 unbehandelten Zitrone
1/2 Bund Thymian
Salz
Pfeffer
2 El frisch gehackte
Petersilie

Zubereitungszeit 20 Minuten
(plus Marinier-, Back-
und Schmorzeit)

Pro Portion ca. 380 kcal/1596 kJ
4 g E · 38 g F · 4 g KH

Für 4 Portionen

250 g Reisvermicelli
je 2 rote und gelbe Paprika
6 Stängel Koriander
4 El Pflanzenöl
4 El Fischsauce
2 El Honig
2 El weißer Reisessig

Zubereitungszeit: ca. 25 Minuten

Pro Portion ca. 342 kcal/1440 kJ
6 g E · 11 g F · 55 g KH

Vermicelli mit Paprika

Reisvermicelli nach Packungsanweisung kochen, abgießen, abschrecken und in einem Sieb abtropfen lassen.

Die Paprika putzen, waschen, entkernen und in Würfel schneiden. Koriander waschen, trocken tupfen und Blättchen abzupfen.

Öl im Wok erhitzen, die Paprikawürfel darin mit den Korianderblättern kurz und scharf anbraten. Nicht zu lange garen, die Paprika sollten noch Biss haben.

Die gekochten Reisvermicelli dazugeben, mit der Fischsauce, dem Honig und dem Reisessig ablöschen, nur kurz durchschwenken und sofort anrichten.

GEFÜLLTE ZUCCHINIBLÜTEN

Die Staubgefäße und Stempel aus den Zucchiniblüten schneiden. Die Kelchblätter abzupfen und die Blüten vorsichtig waschen.

Den Reis waschen, dann abtropfen lassen. Zwiebel schälen und fein hacken. Die Kräuter waschen, trocken schütteln und ebenfalls fein hacken.

Reis, Zwiebel, Kräuter, Tomatenmark und Olivenöl mischen und mit Salz und Pfeffer abschmecken.

In jede Zucchiniblüte etwa 1 Teelöffel der Füllung geben. Die Blütenränder verschließen.

Die gefüllten Blüten dicht nebeneinander in einen Topf legen. Salzwasser dazugeben, sodass die Blüten knapp damit bedeckt sind. Die Blüten bei mittlerer Temperatur etwa 30 Minuten garen. Eventuell Wasser nachfüllen.

Für 4 Portionen

8 Zucchiniblüten
80 g Langkornreis
1 Zwiebel
1/2 Bund Dill
1/2 Bund Minze
8 El Tomatenmark
2 El Olivenöl
Salz
Pfeffer

Zubereitungszeit: ca. 20 Minuten
(plus Garzeit)

Pro Portion ca. 148 kcal/620 kJ
3 g E · 6 g F · 20 g KH

195

Für 4 Portionen

600 g junger Fenchel
mit Grün
2 Eier
Salz
Pfeffer
165 g Paniermehl
55 g Butter
3 El frisch geriebener
Parmesan

Zubereitungszeit 20 Minuten
(plus Gar- und Bratzeit)

Pro Portion ca. 366 kcal/1538 kJ
16 g E · 19 g F · 36 g KH

GEBRATENER FENCHEL

Den Fenchel putzen, waschen, die äußeren Blätter entfernen und die Knollen vierteln. Die harten Strünke herausschneiden, das Fenchelgrün abschneiden und aufbewahren.

In einem Topf Salzwasser zum Kochen bringen und den Fenchel darin etwa 8 Minuten garen. Anschließend herausnehmen, abschrecken und abtropfen lassen.

Die Eier mit etwas Salz und Pfeffer würzen und verquirlen. Das Paniermehl auf einen Teller geben. Die Butter in einer Pfanne erhitzen.

Die Fenchelstücke erst in der Eimasse, dann im Paniermehl wenden und anschließend in der heißen Butter braten, bis das Paniermehl goldgelb ist. Aus der Pfanne nehmen, abtropfen lassen und mit Parmesan bestreuen.

Das Fenchelgrün hacken. Gebratene Fenchelstücke mit dem Grün garnieren und mit frischem Landbrot servieren.

Für 4 Portionen

1 kg frischer Blattspinat
5 Knoblauchzehen
3 El Erdnussöl
500 g Sojasprossen
2 El Fischsauce

Zubereitungszeit: ca. 15 Minuten

Pro Portion ca. 131 kcal/551 kJ
11 g E · 9 g F · 4 g KH

SPINAT MIT GERÖSTETEM KNOBLAUCH

Den Spinat putzen, verlesen, gründlich unter fließendem Wasser waschen und leicht trocken schütteln. Die Knoblauchzehen schälen und in feine Streifen schneiden.

Das Öl im Wok erhitzen, den Knoblauch darin hellbraun anrösten, die Sojasprossen zugeben und kurz durchschwenken. Den Spinat zugeben und zusammenfallen lassen. Mit Fischsauce würzen.

SZECHUANGURKE AUF BULGUR

Die Gurken waschen, halbieren, die Kerne entfernen und schräg in Scheiben schneiden. Die Frühlingszwiebeln waschen, putzen und das Weiße und Hellgrüne in feine Röllchen schneiden.

Den Ingwer und die Knoblauchzehen schälen und fein hacken. Die Chilischote waschen, putzen, entkernen und in feine Würfel schneiden.

Das Öl erhitzen und das Gemüse darin unter Rühren ca. 6 Minuten braten. Den Zucker, die Sojasauce und das Szechuangewürz dazugeben. Das Chiliöl ebenfalls dazugeben.

Alles weitere 6–8 Minuten köcheln lassen. In der Zwischenzeit den Bulgur nach Packungsanweisung zubereiten. Den Bulgur vorsichtig mit den anderen Zutaten im Wok mischen und anrichten.

Für 4 Portionen

2 mittelgroße Salatgurken
1 Bund Frühlingszwiebeln
1 Stück frischer Ingwer (4 cm)
2 Knoblauchzehen
1 rote Chilischote
3–4 El Sesamöl
1 El Rohrzucker
2–3 El Sojasauce
1–2 Tl Szechuangewürz
1 El Chiliöl
150 g Bulgur

Zubereitungszeit: ca. 20 Minuten (plus Garzeit)

Pro Portion ca. 256 kcal/1075 kJ
6 g E · 15 g F · 30 g KH

Für 4 Portionen

4 Zucchini
2 Schalotten
2 Knoblauchzehe
2 El Mehl
4 El Olivenöl
1 Hand voll frische Minze
1 Bund glatte Petersilie
400 g Tomaten
(aus der Dose)
Salz
Pfeffer
Saft von 1 Zitrone
2 El Paniermehl
2 El frisch geriebener
Pecorino
Fett für die Form

Zubereitungszeit 30 Minuten
(plus Backzeit)

Pro Portion ca. 293 kcal/1229 kJ
9 g E · 16 g F · 28 g KH

ZUCCHINI MIT MINZE

Den Backofen auf 200 °C vorheizen. Die Zucchini putzen, waschen, trocknen und in Scheiben schneiden. Die Schalotten und den Knoblauch schälen und fein hacken.

Das Mehl in eine Schüssel geben und die Zucchinischeiben darin wenden. 2 El Öl in einer Pfanne erhitzen und die Zucchinischeiben darin goldgelb braten. Dann herausnehmen und beiseitestellen.

Die Kräuter waschen, trocken schütteln und fein hacken. Das restliche Öl in die Pfanne geben und Schalotten, Knoblauch, Tomaten mit Saft, Minze und die Hälfte der Petersilie darin andünsten. Nach etwa 3 Minuten kräftig mit Salz und Pfeffer würzen und die Pfanne vom Herd nehmen.

Eine Auflaufform einfetten. Die Hälfte der Zucchinischeiben hineingeben, mit etwas Zitronensaft beträufeln. Pfannenmischung darübergeben, dann die restlichen Zucchinischeiben darauflegen und mit restlichem Zitronensaft beträufeln.

Das Paniermehl mit dem Käse mischen und über das Gemüse streuen. Im Ofen etwa 20 Minuten überbacken. Mit restlicher Petersilie bestreut servieren.

RÜHREI MIT PILZEN

Für 4 Portionen

3 getrocknete Morcheln
3 getrocknete Shiitake-Pilze
1 rote Chilischote
10 g Ingwer
2 Frühlingszwiebeln
2 Stängel Koriander
4 Eier
2 Tl Sojasauce
1 Prise Pfeffer
1 Tl Erdnussöl
2 El Sonnenblumenöl

Zubereitungszeit: ca. 20 Minuten
(plus Quell- und Garzeit)

Pro Portion ca. 181 kcal/760 kJ
9 g E · 15 g F · 5 g KH

Die getrockneten Pilze mit so viel heißem Wasser übergießen, dass sie damit gut bedeckt sind. Alles ca. 15 Minuten quellen lassen.

Die Chilischote waschen, putzen, entkernen und in dünne Streifen schneiden. Den Ingwer schälen und sehr fein hacken. Die Frühlingszwiebeln putzen, waschen und in Ringe schneiden. Den Koriander waschen, trocknen und die Blättchen abzupfen.

Die Pilze nochmals unter fließendem Wasser abspülen, dann in einem Sieb abtropfen lassen und in Stücke schneiden. Die Eier verquirlen und Sojasauce, Pfeffer und Erdnussöl unterrühren.

Den Wok erhitzen und das Sonnenblumenöl hineingeben. Die Pilze darin kurz anbraten. Die restlichen Zutaten, bis auf die Eimasse und den Koriander, dazugeben und mit den Pilzen vermengen. Die Eimasse hineingießen und so lange garen, bis sie zu stocken beginnt. Die gestockte Masse jeweils an den Rand schieben. Das Rührei anrichten und mit dem Koriander bestreut servieren.

GEKOCHTE ARTISCHOCKEN

Für 4 Portionen

4 Artischocken
5 El Zitronensaft
6 El Weinessig
Salz
Pfeffer
1 hart gekochtes Ei
2 Schalotten
1 Bund Petersilie
1 El Kapern
4 El Öl
Zucker
1/4 Bund Zitronenmelisse
80 g weiche Butter
1 El Joghurt

Zubereitungszeit: ca. 30 Minuten
(plus Garzeit)

Pro Portion ca. 427 kcal/1793 kJ
8 g E · 29 g F · 12 g KH

Die Artischocken waschen, abtropfen lassen und die Blattspitzen mit der Küchenschere abschneiden. Stiel dicht am Boden abschneiden und mit Zitronensaft einreiben. Gesalzenes Wasser zum Kochen bringen, etwas Zitronensaft hineinträufeln. Die Artischocken darin ca. 40 Minuten bei milder Hitze mehr ziehen lassen als kochen.

Essig mit Salz und Pfeffer verrühren. Das Ei pellen und fein hacken. Die Schalotten schälen und in kleine Würfel schneiden.

Die Petersilie waschen, trocknen und die Blätter fein hacken. Die Kapern abtropfen lassen. Alles unter den Essig rühren und das Öl unterschlagen. Mit Salz, Pfeffer und Zucker abschmecken.

Zitronenmelisse waschen, trocknen und die Blättchen abzupfen. Die Butter schaumig schlagen. Joghurt und Zitronenmelisse unterrühren. Mit Salz, Pfeffer und Zitronensaft würzen. Artischocken mit der Vinaigrette und der Zitronenbutter anrichten.

Für 4 Portionen

200 g Champignons
1 Bund Frühlingszwiebeln
5 Tomaten
200 g Sprossen
200 g Reis, gegart
3–6 El Sherry
4–6 El Sojasauce
Salz, Pfeffer
12 Wirsingblätter, blanchiert
und abgeschreckt
300 ml Gemüsebrühe

Zubereitungszeit: ca. 25 Minuten
(plus Garzeit)

Pro Portion ca. 240 kcal/1007 kJ
9 g E · 2 g F · 46 g KH

WIRSING-
PILZ-PÄCKCHEN

Die Pilze putzen, feucht abreiben, dann würfeln. Die Frühlingszwiebeln putzen, waschen und in dünne Ringe schneiden. Die Tomaten waschen, kreuzweise einritzen, mit kochendem Wasser überbrühen, Stielansätze entfernen, Fruchtfleisch häuten, entkernen und fein würfeln. Die Sprossen mit kaltem Wasser abbrausen und abtropfen lassen.

Das Gemüse mit den Sprossen und dem gekochten Reis vermischen. Alles mit dem Sherry, der Sojasauce, Salz und etwas frisch gemahlenem Pfeffer pikant würzen.

Die Wirsingblätter ausbreiten, die Mittelrippe flach schneiden. Die Reismischung auf die Wirsingblätter geben, etwas glatt streichen und alles zu kleinen Päckchen aufrollen, dabei die Seitenränder leicht einschlagen. Die Päckchen anschließend mit Küchengarn fest verschnüren.

Die Gemüsebrühe in einem Topf mit Dämpfeinsatz zum Kochen bringen. Die Päckchen zugedeckt bei geringer Hitze etwa 35 Minuten gar dämpfen. Dann herausnehmen und das Küchengarn vorsichtig entfernen. Wirsing-Pilz-Päckchen mit einer süß-scharfen Chilisauce servieren.

GEBACKENE ROLLEN

Den Backofen auf 180 °C vorheizen. Die Möhren und die Pastinaken waschen, putzen, schälen und in Würfel schneiden.

Das Walnussöl in einer Pfanne erhitzen und das Gemüse darin ca. 6 Minuten dünsten. Mit Salz, Pfeffer und Muskat kräftig abschmecken. Die Pilze in ein Sieb geben und abtropfen lassen. Den Saft dabei auffangen.

Die Pilze mit den Kräutern zum Gemüse geben und ca. 3 Minuten mitbraten. Den Frischkäse mit dem Pilzsaft und der Sojasauce in einer Schüssel verrühren und unter das Gemüse heben. Dann die Mischung auf die ausgebreiteten Mangoldblätter verteilen, aufrollen und fixieren.

Eine ofenfeste Form mit Butter ausstreichen und die Röllchen hineinlegen. Die Eier mit der Milch und der Sahne verrühren und über die Röllchen geben. Das Ganze dann im Backofen auf der mittleren Einschubleiste ca. 20 Minuten backen.

Für 4 Portionen

3 Möhren
3 Pastinaken
2 El Walnussöl
Salz, Pfeffer
Muskatnuss
300 g Mischpilze
aus der Dose
2 El gehackte
Küchenkräuter
300 g Frischkäse
2–3 El helle Sojasauce
8 mittelgroße
Mangoldblätter, blanchiert
und abgeschreckt
2 Eier
250 ml Milch
3 El Sahne
Butter für die Form

Zubereitungszeit: ca. 30 Minuten
(plus Garzeit)

Pro Portion ca. 405 kcal/1704 kJ
19 g E · 32 g F · 14 g KH

LINSEN MIT KASTANIEN

Den Backofen auf 180 °C (Umluft 160 °C) vorheizen. Die Kastanien kreuzweise einschneiden und auf einem Blech im Ofen etwa 30 Minuten backen, bis sie aufplatzen. Dann leicht abkühlen lassen, schälen, grob hacken oder vierteln.

Den Knoblauch schälen und fein hacken. In einem Topf 2 El Öl erhitzen und den Knoblauch darin andünsten. Die Linsen zugeben und gut durchrühren. Thymian und Lorbeer zu den Linsen geben und mit Wasser auffüllen. Linsen bei mittlerer Temperatur etwa 30 Minuten köcheln.

Die gehackten Kastanien in einer Pfanne ohne Fett rösten, bis sie duften. Kastanien, Tomaten und Chilipulver zu den Linsen geben, die gekörnte Brühe unterrühren und alles 20 Minuten köcheln, bis kaum noch Flüssigkeit vorhanden ist. Mit Salz und Pfeffer abschmecken. Das restliche Olivenöl darüberträufeln.

Die Petersilie waschen, trocken schütteln und grob hacken. Unter die Linsen heben und servieren. Dazu Ciabatta reichen.

Für 4 Portionen

10 Kastanien
2 Knoblauchzehen
6 El Olivenöl
250 g gelbe Linsen
2 El frisch gehackter Thymian
1 Lorbeerblatt
100 g Tomaten
(aus der Dose)
1 Msp. getrocknetes Chilipulver
1 Tl gekörnte Brühe
Salz
Pfeffer
1/2 Bund Petersilie

Zubereitungszeit 40 Minuten
(plus Back-, Schmor-,
Gar- und Röstzeit)

Pro Portion ca. 333 kcal/1397 kJ
16 g E · 7 g F · 50 g KH

KÜRBISTORTE

Für 16 Stück

200 g Blätterteig (TK)
800 g Hokkaidokürbis
1 rote Chili
150 g Crème fraîche
100 ml Sahne
3 Eier
Salz, Pfeffer
Cayennepfeffer
200 g Ziegenfrischkäserolle
Fett und Paniermehl
für die Form

Zubereitungszeit: ca. 30 Minuten
(plus Backzeit)

Pro Stück ca. 158 kcal/663 kJ
20 g E · 50 g F · 25 g KH

Den Blätterteig auftauen lassen. Den Kürbis waschen, putzen, die Kerne entfernen und das Kürbisfleisch samt Schale in 0,5 cm dicke Streifen schneiden (Hokkaido muss nicht geschält werden). Den Backofen auf 200 °C (Umluft 180 °C) vorheizen.

Die Chili putzen, entkernen, waschen und fein hacken. Mit Crème fraîche, Sahne und Eiern in einer Schüssel verrühren und mit Salz, Pfeffer und Cayennepfeffer würzen. Den Ziegenkäse klein würfeln und unter die Eier-Sahne mischen.

Eine Kuchenform (Ø 26 cm) einfetten und mit Paniermehl ausstreuen. Den Blätterteig auf einer bemehlten Arbeitsplatte ausrollen und in die Form legen. Mit einer Gabel mehrmals einstechen und im Ofen etwa 3 Minuten vorbacken.

Anschließend die Kürbisstreifen auf dem Boden verteilen und mit der Eier-Käse-Sahne übergießen. Die Torte im Ofen ca. 35 Minuten backen, bis die Oberfläche goldbraun ist. Mit grünem Salat servieren.

Für 4 Portionen

8 große, fest kochende
Kartoffeln
Salz
1 kg grüner Spargel
750 ml Gemüsefond
3 El Butterschmalz
1 Bund Estragon
2 cl Madeira
2 Scheiben Pumpernickel
2 El Öl
200 g geriebener
Munster-Käse

Zubereitungszeit: ca. 20 Minuten
(plus Gar- und Backzeit)

Pro Portion ca. 558 kcal/2338 kJ
22 g E · 30 g F · 45 g KH

JOHANNI-KARTOFFELN

Die Kartoffeln waschen und in leicht gesalzenem Wasser ca. 25 Minuten garen. Inzwischen den Spargel waschen, die unteren Enden abschneiden und die Stangen in Stücke schneiden. Im erhitzten Gemüsefond ca. 10 Minuten garen. Dann herausnehmen und abtropfen lassen. Die Kartoffeln abgießen, halbieren und vorsichtig aushöhlen.

Butterschmalz erhitzen und den Spargel darin andünsten. Estragon waschen, trocknen und fein hacken. Den Madeira und die Estragonblättchen zum Spargel geben.

Den Pumpernickel zerbröseln und mit dem Öl vermengen. Dann den Spargel und den Pumpernickel in die Kartoffeln füllen und den Käse darüberverteilen.

Die gefüllten Johanni-Kartoffeln im Backofen auf der mittleren Einschubleiste ca. 10 Minuten überbacken.

Für 4 Portionen

700 g Blattspinat
Salz
150 g Ricotta oder
anderen Frischkäse
3 Eigelb
60 g Mehl
Pfeffer
gemahlene Muskatnuss
3 El Butter
60 g Parmesan
Fett für die Form

Zubereitungszeit 30 Minuten
(plus Garzeit und Zeit
zum Gratinieren)

Pro Portion ca. 535 kcal/2247 kJ
18 g E · 45 g F · 13 g KH

MALFATTI

Den Spinat verlesen, putzen, gründlich waschen und tropfnass in einem Topf bei mittlerer Hitze unter Rühren zusammenfallen lassen. Dann herausnehmen, in einem Sieb abtropfen lassen und ausdrücken. Dann anschließend fein hacken.

Den Ricotta in einer Schüssel mit Eigelb und dem Mehl zu einer glatten Masse verrühren. Spinat unter die Mischung heben und alles zu einem glatten Teig verrühren. Mit Salz, Pfeffer und Muskat abschmecken.

In einem großen Topf Salzwasser zum Kochen bringen. Mit einem Löffel kleine Klöße aus dem Spinatteig abstechen und ins Wasser geben. Die Klöße bei mittlerer Temperatur etwa 10 Minuten ziehen lassen, bis sie an die Oberfläche steigen.

Klöße aus dem Wasser heben, abtropfen lassen und in eine gefettete Auflaufform geben. Die Butter in Flöckchen darübergeben, den Parmesan frisch darüberreiben. Die Malfatti unter dem heißen Grill etwa 3 Minuten gratinieren. Dazu passt Tomatensalat.

GEMÜSE-EIER-AUFLAUF

Für 4 Portionen

6–8 Eier
Salz
Pfeffer
1 El fein gewiegte Petersilie
2 Möhren
3 Pastinaken
3 El Walnussöl
200 g Süßkartoffeln
je 1 Prise Fenchelsamen,
Nelkenpulver, Zimt,
Kardamom und
Sternanispulver
Fett für die Form

Zubereitungszeit: ca. 30 Minuten
(plus Garzeit)

Pro Portion ca. 369 kcal/1549 kJ
18 g E · 21 g F · 17 g KH

Den Backofen auf 170 °C vorheizen. Die Eier aufschlagen, salzen, pfeffern und mit der Petersilie verquirlen. Die Möhren und die Pastinaken putzen, waschen, schälen und in dünne Scheiben schneiden.

Das Öl erhitzen und die Gemüsescheiben darin ca. 8 Minuten braten. Die Süßkartoffeln waschen, schälen, klein schneiden und zum restlichen Gemüse in die Pfanne geben. Alles mit den Gewürzen pikant abschmecken.

Das Gemüse in eine eingefettete, flache, feuerfeste Form geben und die Eiermasse darübergießen. Auf der mittleren Einschubleiste ca. 40 Minuten backen. Den Auflauf in Stücke schneiden und servieren. Dazu passt asiatische Pflaumensauce.

BUNTE GEMÜSEPFANNE

Für 4 Portionen

3 rote Zwiebeln
2 Knoblauchzehen
je 2 kleine Auberginen
und Zucchini
4 Fleischtomaten
2 Paprikaschoten
4 El Sesamöl
Salz
Pfeffer aus der Mühle
Senfsaat
Kreuzkümmelpulver
1–2 Stiele Thai-Basilikum
1–2 Stiele Zitronengras oder
1 El getrocknetes
Zitronengras
500 ml Gemüsefond
2–3 El Sesamsaat, geschält

Zubereitungszeit: ca. 25 Minuten
(plus Bratzeit)

Pro Portion ca. 192 kcal/809 kJ
5 g E · 13 g F · 15 g KH

Die Zwiebeln und die Knoblauchzehen schälen und in feine Würfel schneiden. Die Auberginen und die Zucchini putzen, waschen, der Länge nach halbieren und in fingerdicke Stücke schneiden. Die Tomaten putzen, waschen, häuten, halbieren, entkernen und in kleine Stücke schneiden. Die Paprikaschoten halbieren, entkernen, waschen und in grobe Stücke schneiden.

Das Öl in einer Pfanne erhitzen und das Gemüse getrennt voneinander unter Rühren ca. 2–3 Minuten braten. Dann das Gemüse zusammen in die Pfanne geben und mit Salz, Pfeffer, Senfsaat und Kreuzkümmel würzen.

Die frischen Kräuter putzen, waschen und fein hacken. Zusammen mit dem Zitronengras zum Gemüse geben und alles mit dem Gemüsefond ablöschen. Ca. 3 Minuten kochen lassen. Die Sesamsaat in einer Pfanne ohne Fett rösten und das Gemüse damit bestreuen.

Für 4 Portionen

200 g Penne
2 Fenchelknollen
200 g Süßkartoffeln
3–4 El Olivenöl
Salz
Pfeffer
Anis-, Nelken- und
Pimentpulver
500 ml Gemüsefond
4–5 El Schmand
100 g würziger, geriebener
Hartkäse
Fett für die Form

Zubereitungszeit: ca. 50 Minuten

Pro Portion ca. 703 kcal/2955 kJ
17 g E · 46 g F · 49 g KH

Penne mit Fenchelcreme

Die Nudeln nach Packungsanweisung gar kochen. Die Fenchelknollen putzen, waschen und mit dem Grün fein hacken. Die Süßkartoffeln waschen, putzen, schälen und in kleine Würfel schneiden.

Das Öl erhitzen und das Gemüse darin ca. 10 Minuten schmoren. Mit einer Gabel zerdrücken und mit den Gewürzen kräftig abschmecken. Den Gemüsefond dazugeben und bei milder Hitze ca. 3 Minuten köcheln. Den Schmand unterrühren.

Den Backofen auf 220 °C vorheizen. Eine flache, feuerfeste Form einfetten. Die Nudeln in der Form verteilen und die Fenchelcreme darübergeben. Das Ganze mit dem Käse bestreuen und auf der oberen Einschubleiste ca. 6 Minuten goldgelb überbacken.

KÄSE-MAKKARONI

Die Makkaroni nach Packungsanweisung in reichlich Salzwasser bissfest garen. Beide Käsesorten reiben und miteinander mischen. Die Zwiebeln schälen und in Ringe schneiden.

Die Makkaroni abwechselnd mit dem Käse in eine ofenfeste Form geben. Mit Käse abschließen und das Ganze im vorgeheizten Ofen bei 180 °C (Umluft 160 °C) ca. 15 Minuten backen.

Die Zwiebeln im heißen Öl rösten. Die Butter dazugeben und weiterbraten. Anschließend auf Küchenpapier abtropfen lassen und auf die Makkaroni geben.

Für 4 Portionen

500 g Makkaroni
Salz
140 g Emmentaler
60 g Parmesan
6 Zwiebeln
8 El Öl
20 g Butter

Zubereitungszeit: ca. 15 Minuten
(plus Koch- und Backzeit)

Pro Portion ca. 785 kcal / 3285 kJ
31 g E · 34 g F · 89 g KH

215

Für 4 Portionen

4 mittelgroße Tomaten
2 Knoblauchzehen
1 Bund glatte Petersilie
50 g Paniermehl
8 El Olivenöl
Salz
Pfeffer
5 El frisch geriebener
Parmesan

Zubereitungszeit 25 Minuten
(plus Backzeit)

Pro Portion ca. 397 kcal/1669 kJ
23 g E · 28 g F · 13 g KH

GEFÜLLTE TOMATEN

Den Backofen auf 200 °C (Umluft 180 °C) vorheizen.
Die Tomaten waschen, von den Stielansätzen befreien,
halbieren und mit einem Löffel aushöhlen. Die Tomatenhälften umgedreht in einem Sieb abtropfen lassen.

Den Knoblauch schälen und sehr fein hacken. Die
Petersilie waschen, trocken schütteln und fein wiegen.
Paniermehl mit 6 El Öl, dem Knoblauch, der Petersilie
und dem Parmesan mischen. Mit Salz und Pfeffer würzen.

Die Füllung auf die Tomatenhälften geben und verteilen.
Eine feuerfeste Form mit dem restlichen Öl einfetten.
Die Tomatenhälften daraufsetzen und im Backofen etwa
30 Minuten backen.

Für 4 Portionen

8 kleine Kartoffeln
4 Tl grobes Meersalz
$^{1}/_{2}$ Bund Kerbel
$^{1}/_{2}$ Bund Schnittlauch
50 g Butter (nicht zu kalt)
25 g Trüffelbutter
Salz, Pfeffer
60 g Crème fraîche
2 Tl eingelegte, gehobelte
Trüffel in Olivenöl

Zubereitungszeit: ca. 15 Minuten
(plus Gar- und Kühlzeit)

Pro Portion ca. 345 kcal / 1444 kJ
5 g E · 23 g F · 29 g KH

Kartoffeln mit Trüffeln

Die Kartoffeln gründlich waschen und abbürsten. Anschließend einzeln in Alufolie packen und mit etwas grobem Meersalz bestreuen. Die Folien verschließen und die Kartoffelpäckchen im vorgeheizten Ofen bei 200 °C auf der zweiten Einschubleiste von unten ca. 1 Stunde backen.

Kerbel und Schnittlauch waschen und trocken schütteln. Die Kerbelblättchen von den Stielen zupfen und fein hacken. Schnittlauch in feine Röllchen schneiden. Butter, Trüffelbutter, Salz und Pfeffer mit dem Handrührgerät schaumig rühren. Crème fraîche und die Kräuter unterrühren, anschließend kalt stellen.

Kartoffeln aus dem Ofen nehmen und die Folie öffnen. Die Kartoffeln kreuzweise einritzen und mit einem Küchentuch an den Seiten zusammendrücken, sodass sie sich oben öffnen. Mit Creme füllen. Die Trüffelscheiben darübergeben und mit einem frischen Salat servieren.

FRÜHLINGSGEMÜSE-GRATIN

Die Kartoffeln waschen, kochen, abgießen, abschrecken, pellen, in Spalten schneiden und mit etwas Salz bestreuen.

Den Spargel waschen, schälen und die holzigen Enden abschneiden. Spargel in Stücke schneiden und in Salzwasser mit Zucker und Butter bissfest garen. Kohlrabi und Möhren waschen, schälen, Kohlrabi in Stücke, Möhren in Scheiben schneiden. Beides in Salzwasser bissfest garen. Zuckerschoten waschen, putzen und in Salzwasser blanchieren. Petersilie waschen, trocken schütteln und hacken.

Kartoffeln, Gemüse und Petersilie in eine gefettete Form geben und mit Brühe beträufeln. Den Käse in Stücken darüber verteilen. Den Zwieback fein zerbröseln und über das Gratin streuen. Das Gratin im vorgeheizten Backofen bei 200 °C ca. 30 Minuten überbacken.

Für 4 Portionen

500 g vorwiegend fest kochende Kartoffeln
Salz
250 g weißer Spargel
1 Prise Zucker
1 Tl Butter
1 Kohlrabi
300 g Möhren
200 g Zuckerschoten
1 Bund Petersilie
6 El Gemüsebrühe
300 g Ziegencamembert
2 Zwieback
Fett für die Form

Zubereitungszeit: ca. 35 Minuten
(plus Gar- und Backzeit)

Pro Portion ca: 395 kcal/1620 kJ
21 g E · 21 g F · 28 g KH

RATATOUILLE-LASAGNE

Für 4 Portionen

3 kleine Paprikaschoten,
rot, gelb, grün
1/2 Zucchini
1 Zwiebel
1/2 Aubergine
2 Tomaten
3 El Walnussöl
2 El fein gewiegte, franz.
Kräuter (z.B. Thymian,
Rosmarin, Bohnenkraut,
und Majoran)
2 cl Rotweinessig
200 ml Gemüsefond
Salz
Pfeffer
250 g Lasagneblätter
200 g Blauschimmelkäse
50 g Butterflöckchen
50 g Paniermehl
Fett für die Form

Zubereitungszeit: ca. 30 Minuten
(plus Backzeit)

Pro Portion ca. 517 kcal/2171 kJ
16 g E · 19 g F · 66 g KH

Das Gemüse waschen, putzen und würfeln. Anschließend im erhitzten Öl ca. 4 Minuten anbraten. Die Kräuter, den Rotweinessig und den Fond dazugeben. Alles zusammen weitere 5–6 Minuten schmoren lassen. Mit Salz und Pfeffer würzen.

Eine flache, ofenfeste Form einfetten. Den Backofen auf 180 °C vorheizen. Auf den Boden der Form eine Schicht Lasagneblätter legen.

Darauf abwechselnd Gemüse und Lasagneblätter schichten. Die letzte Schicht sollte Gemüse sein. Den Blauschimmelkäse darüberbröseln.

Die Butterflöckchen mit dem Paniermehl mischen und über den Auflauf geben. Auf der mittleren Einschubleiste ca. 35 Minuten backen. Herausnehmen, anrichten und servieren.

Für 4 Portionen

500 g Brokkoli
2 rote Paprika
400 g Gnocchi
Salz
30 g Kräuterbutter
30 g Weizenmehl
250 ml Milch
3 El Sahne
Pfeffer
Korianderpulver
120 g geriebener
mittelalter Gouda

Zubereitungszeit: ca. 35 Minuten
(plus Garzeit)

Pro Portion ca. 580 kcal/2436 kJ
27 g E · 22 g F · 76 g KH

BROKKOLI-AUFLAUF

Den Brokkoli putzen, waschen und in Röschen teilen. Die Paprikaschoten putzen, waschen, halbieren, entkernen und in Streifen schneiden. Brokkoli in leicht gesalzenem Wasser ca. 6 Minuten blanchieren, dann abgießen und abschrecken. Gnocchi in leicht gesalzenem Wasser so lange kochen, bis sie an die Oberfläche steigen. Dann abgießen und abtropfen lassen.

Den Backofen auf 180 °C vorheizen. Die Kräuterbutter in einem Topf erhitzen und das Mehl einrühren. Die Milch und die Sahne angießen, gründlich verrühren und alles mit Salz, Pfeffer und Korianderpulver würzen. Unter Rühren aufkochen.

Den Käse unterrühren und schmelzen lassen. Eine ofenfeste Form mit Butter ausstreichen und das Gemüse mit den Gnocchi hineinschichten. Die Sauce darüber verteilen und alles im Backofen auf der mittleren Einschubleiste ca. 15 Minuten backen.

ÜBERBACKENE AUBERGINEN

Die Auberginen putzen, waschen, gut trocken tupfen und in etwa 1/2 cm dicke Scheiben schneiden. Die Scheiben in eine Schüssel legen, mit Salz bestreuen und etwa 15 Minuten ziehen lassen.

Den Backofen auf 180 °C vorheizen. Den Mozzarella in kleine Würfel schneiden. Die Kräuter waschen, trocken schütteln, die Blättchen von den Stängeln zupfen und hacken. Die Tomaten in eine Schüssel füllen und mit dem Pürierstab pürieren. Die Kräuter unter das Tomatenpüree mischen.

Die Auberginen aus der Schüssel nehmen, abspülen und trocken tupfen. Auberginenscheiben im Mehl wenden. Das Olivenöl in einer Pfanne erhitzen und die Auberginen darin von beiden Seiten goldbraun backen. Auf Küchenpapier abtropfen lassen.

Eine Auflaufform einfetten und abwechselnd Auberginenscheiben, Tomatenpüree und Mozzarella hineinschichten. Zuletzt Tomatenpüree daraufgeben und mit Parmesan bestreuen. Im Ofen etwa 10 Minuten überbacken.

Für 4 Portionen

800 g mittelgroße Auberginen
Salz
300 g Mozzarella
1/2 Bund Oregano
1/2 Bund Basilikum
500 g Tomaten
(aus der Dose)
100 g Mehl
100 ml Olivenöl
50 g frisch geriebener Parmesan

Zubereitungszeit 30 Minuten
(plus Garzeit)

Pro Portion ca. 445 kcal/1869 kJ
25 g E · 26 g F · 27 g KH

Desserts und Gebäck

Für 20 Stücke

325 g weiche Butter
450 g Zucker
40 g gehackte Walnüsse
1 Messerspitze gemahlener
Zimt
525 g Mehl
1 Prise Salz
4 Eier
1 kg Magerquark
500 g Ziegenfrischkäse
(z. B. Chavroux)
2 Päckchen Vanillezucker
je 375 g blaue und grüne
kernlose Weintrauben
100 g Quittengelee zum
Bestreichen

Zubereitungszeit: ca. 40 Minuten
(plus Backzeit)

Pro Stück ca. 485 kcal/2038 kJ
14 g E · 24 g F · 54 g KH

ZIEGENKÄSE-KUCHEN

250 g Butter, 250 g Zucker, Walnüsse, Zimt, 400 g Mehl und Salz zu Streuseln verkneten. Etwa zwei Drittel der Streuselmasse auf ein Backblech streuen und mit den Händen zu einem Boden zusammendrücken. Das restliche Drittel beiseitelegen.

Restliche Butter mit 250 ml Wasser aufkochen. Das restliche Mehl hineinsieben und mit einem Kochlöffel rühren, bis der Teig zu einem glatten Kloß geworden und auf dem Topfboden ein heller Belag zu sehen ist.

Den Topf vom Herd nehmen, etwas abkühlen lassen und 1 Ei unterrühren. Den Teig vollständig abkühlen lassen. Den Backofen auf 180 °C (Umluft 160 °C) vorheizen.

Restliche Eier trennen. Eigelb, Quark, Ziegenfrischkäse, restlichen Zucker und Vanillezucker cremig schlagen. Quarkcreme nach und nach unter den abgekühlten Teig rühren. Das Eiweiß steif schlagen und unterheben. Den Teig auf den Streuselboden streichen.

Die restlichen Streusel diagonal als Streifen auf die Käsecreme streuen. Im Ofen 50 bis 60 Minuten goldbraun backen.

Die Trauben waschen, abtropfen lassen und von den Stielen zupfen, große Früchte eventuell halbieren. Quittengelee erwärmen und mit den Trauben verrühren. Die Trauben zwischen die Streuselstreifen auf dem fertigen Kuchen verteilen.

MELONEN-SORBET

Für 8 Portionen

700 g Fruchtfleisch
einer Galiamelone
100 g Puderzucker
3 El Zitronensaft
75 ml Apfelsaft
2 Galia- oder
Cantaloupmelonen
Minzeblättchen zum
Dekorieren

Zubereitungszeit: ca. 15 Minuten
(plus Zeit zum Ziehen
und Gefrieren)

Pro Portion ca. 70 kcal/291 kJ
1 g E · 0 g F · 15 g KH

Das Melonenfruchtfleisch klein schneiden und im Mixer pürieren. Dann mit dem Puderzucker mischen und 30 Minuten durchziehen lassen. Zitronen- und Apfelsaft unterrühren.

Die Masse in eine Schüssel geben und im Gefrierschrank mindestens 2 Stunden gefrieren lassen. Zwischendurch mehrmals umrühren. Anschließend portionieren und weitere 15 Minuten gefrieren.

Die Melonen in Spalten schneiden, die Kerne entfernen. Die Melonenspalten auf Tellern anrichten und pro Spalte mit einer Kugel Melonensorbet versehen, oder die Melonenspalten auf die Sorbet-Gläser verteilen. Mit Minzeblättchen verzieren.

Für 4 Portionen

4 Blutorangen
40 g Puderzucker
4 Blatt weiße Gelatine
200 g Crème double
40 g weiße Kuvertüre
200 ml Crème fraîche
50 g Zucker
2 El Arrak
40 g frisch gemahlener
Mohn

Zubereitungszeit: ca. 20 Minuten
(plus Kühlzeit)

Pro Portion ca. 498 kcal/2090 kJ
11 g E · 38 g F · 28 g KH

TERRINE MIT MOHNSAUCE

Orangen schälen, dabei auch die weiße Haut entfernen und die Filets herausschneiden. Den austretenden Saft auffangen. Orangenreste auspressen, Saft mit Puderzucker in einen Topf geben und auf dem Herd um die Hälfte reduzieren. Anschließend nicht mehr kochen. Gelatine erst in kaltem Wasser einweichen, dann ausdrücken und im heißen Saft auflösen.

Crème double unter die etwas abgekühlte Saft-Masse rühren, Filets unterheben. Fruchtmasse in 4 Förmchen füllen und kalt stellen.

Die Kuvertüre im heißen Wasserbad auflösen, mit Crème fraîche, Zucker und Arrak schaumig mixen und den Mohn unterheben. Die Terrinen stürzen und mit der Mohnsauce anrichten.

229

Für 4 Portionen

4 mittelgroße Äpfel
(am besten Boskop)
2 El Rosinen
3 El Orangensaft
2 El grob gehackte
Haselnüsse
1 Prise Zimt
2 El Honig
Butter für die Form

Zubereitungszeit: ca. 10 Minuten
(plus Backzeit)

Pro Portion ca. 132 kcal/554 kJ
1 g E · 4 g F · 23 g KH

BRATÄPFEL

Die Äpfel waschen und das Kerngehäuse mit einem Apfelausstecher entfernen.

Die Rosinen in Orangensaft kurz einweichen, dann abtropfen lassen.

Die Nüsse mit Zimt, dem Honig und den Rosinen mischen. Den Backofen auf 180 °C vorheizen.

Eine flache Auflaufform mit Butter ausfetten. Die Äpfel in die Form setzen und mit der Nuss-Rosinen-Mischung füllen.

Im Backofen ca. 30 Minuten backen. Dazu nach Belieben eine Vanillesauce reichen.

Für 4 Portionen

6 Scheiben Weißbrot oder
Hefezopf vom Vortag
(etwa 300 g)
30 g Butter
4 Eier
450 ml Milch
75–100 g brauner Zucker
1 Tl Zimt
1/2 Päckchen Vanillinzucker
200 g frische
Johannisbeeren

Zubereitungszeit: ca. 20 Minuten
(plus Backzeit)

Pro Portion ca. 492 kcal/2066 kJ
17 g E · 17 g F · 63 g KH

BROTPUDDING MIT BEEREN

Den Backofen auf 175 °C (Umluft 155 °C) vorheizen.
Das Brot oder den Hefezopf in Stücke brechen und in eine
gefettete Auflaufform legen.

Die Butter schmelzen und über das Brot träufeln. Die Eier
mit der Milch, dem Zucker, Zimt und Vanillinzucker
verrühren und ebenfalls über Brot oder Hefezopf gießen.
Die Masse etwas herunterdrücken, damit die Mischung
gut aufgesogen wird.

Die Johannisbeeren verlesen, waschen, abtropfen lassen
und über den Auflauf streuen. Im Ofen etwa 45 Minuten
backen, bis sich die Masse gesetzt hat und oben leicht
gebräunt ist.

BLUTORANGEN-PROSECCO-GELEE

Gelatine in kaltem Wasser einweichen. Orangen schälen und auch die weiße Haut entfernen, die Filets herausschneiden, den Saft auffangen. Die Filets auf Gläser verteilen und kalt stellen.

Orangensaft mit Blutorangensaft und Zucker verrühren und leicht erwärmen. Die Gelatine ausdrücken und unter Rühren darin auflösen, ca. 5 Minuten abkühlen lassen.

Prosecco unterrühren und die Saftmischung auf die Orangenfilets gießen. Abgedeckt im Kühlschrank mindestens 5 Stunden erstarren lassen.

Die Sahne mit dem Vanillinzucker steif schlagen. Joghurt mit Zitronensaft glatt rühren und Sahne darunterziehen. Mit etwas gewaschener Zitronenmelisse garnieren.

Für 6 Portionen

5 Blatt weiße Gelatine
6 Orangen
250 ml Blutorangensaft
250 g Zucker
200 ml Prosecco
150 ml Sahne
1 El Vanillinzucker
150 g Naturjoghurt
1 El Zitronensaft
Zitronenmelisse zum
Garnieren

Zubereitungszeit: ca. 20 Minuten
(plus Kühlzeit)

Pro Portion ca. 376 kcal/1581 kJ
4 g E · 9 g F · 62 g KH

233

CROSTADA DI VISCIOLE

Die Kirschen waschen und entsteinen. Mit 150 g Zucker, den Nelken und der Zimtstange in einem Topf aufkochen und etwa 10 Minuten köcheln. Dann die Nelken und die Zimtstange entfernen.

1 El Mehl mit kaltem Wasser anrühren und die kochenden Kirschen damit binden. Dann die Kirschen abkühlen lassen.

Aus dem restlichen Mehl, der Butter, Milch, Ei, Eigelb und 1 Prise Salz zügig einen Mürbeteig herstellen, diesen in Folie wickeln und ca. 30 Minuten im Kühlschrank ruhen lassen.

Zwei Drittel des Teiges auf einer bemehlten Arbeitsfläche ausrollen und in eine gefettete Springform (26 cm Durchmesser) geben. Einen Rand hochziehen. Backofen auf 175 °C (Umluft 155 °C) vorheizen.

Die angedickte Kirschmasse auf den Teig geben. Restlichen Teig ausrollen, in Rauten schneiden und über die Kirschen legen. Kuchen im Ofen etwa 35 Minuten backen. Mit Puderzucker bestäuben und nach Belieben mit Schlagsahne servieren.

Für 16 Stücke

400 g Kirschen
300 g Zucker
2 Gewürznelken
1 Zimtstange
310 g Mehl
150 g Butter
2 El Milch
1 Ei
1 Eigelb
1 Prise Salz
Puderzucker zum
Bestäuben
Schlagsahne nach Belieben
Mehl zum Ausrollen
Butter für die Form

Zubereitungszeit: ca. 30 Minuten
(plus Kühl- und Backzeit)

Pro Stück ca. 245 kcal/1029 kJ
3 g E · 10 g F · 36 g KH

235

Für 8 Portionen

3 Eier
Salz
250 ml Sahne
200 g weiße Schokolade
50 g Zucker
dunkle Schokoladensauce
und Blaubeeren
zum Garnieren

Zubereitungszeit: ca. 20 Minuten
(plus Zeit zum Kühlen)

Pro Portion ca. 285 kcal/1197 kJ
5 g E · 19 g F · 23 g KH

SCHOKOLADEN-
MOUSSE

Die Eier trennen. Die Schokolade im Wasserbad unter
Rühren schmelzen. Währenddessen das Eiweiß mit
1 Prise Salz steif schlagen, dann das Eigelb mit dem
Zucker so lange schaumig schlagen, bis sich der Zucker
aufgelöst hat. Zum Schluss die Sahne steif schlagen.

Die geschmolzene Schokolade aus dem Wasserbad
nehmen, leicht abkühlen lassen und dann mit der Eigelb-
Masse gleichmäßig vermengen.

Anschließend vorsichtig erst die steife Sahne, dann
den Eischnee unterheben. Die fertige Mousse in eine Glas-
schüssel oder in Desserttassen füllen und über Nacht
kühl stellen.

Zum Servieren mit einem Eisportionierer Mousse-Bällchen
auf Teller verteilen und mit Schokoladensauce verzieren
oder die Schokoladensauce auf die Tassen verteilen. Mit
Blaubeeren garniert servieren.

HIMBEER QUARK

Für 6 Portionen

600 g Sahnequark
5 El Zucker oder Honig
1 El Zitronensaft
600 g frische Himbeeren
Minzeblättchen
zum Garnieren

Zubereitungszeit: ca. 20 Minuten

Pro Portion ca. 249 kcal/1046 kJ
10 g E · 3 g F · 35 g KH

Den Sahnequark mit dem Zucker oder dem Honig und dem Zitronensaft verrühren.

Die Himbeeren verlesen, waschen und vorsichtig trocken tupfen.

Abwechselnd Quark und Himbeeren in eine Schüssel schichten oder dekorativ auf Tumbler verteilen. Dabei einige Himbeeren für die Dekoration zurückbehalten.

Den Himbeer-Quark für einige Stunden kühl stellen. Mit Minzeblättchen und den restlichen Himbeeren dekorieren.

Für 16 Stücke

200 g Zartbitter-Schokolade
50 g Cornflakes
500 g Heidelbeeren
2 El Puderzucker
1,5 kg Vanilleeis

Zubereitungszeit: ca. 30 Minuten
(plus Schmelz-, Kühl-
und Gefrierzeit)

Pro Stück ca. 260 kcal/1092 kJ
5 g E · 12 g F · 32 g KH

HEIDELBEER-EISTORTE

Eine Springform (24 cm Durchmesser) mit Backpapier
auslegen. Die Schokolade im heißen Wasserbad unter
Rühren schmelzen und aus dem Bad nehmen. Die Cornflakes unter die Schokomasse heben und gleichmäßig
auf dem Springformboden verteilen, andrücken und
abkühlen lassen.

Die Heidelbeeren verlesen, waschen und abtropfen lassen.
Etwas mehr als die Hälfte davon mit dem Puderzucker
pürieren. Das Eis mit einem Handmixer cremig rühren.
Die Hälfte des Vanilleeis auf den Schokoboden streichen.
Die Hälfte des Blaubeerpürees darauf verteilen.

Restliches Eis und Beerenpüree verrühren und auf die
Torte streichen. Zum Schluss restliche Blaubeeren darüberstreuen und die Torte mit Klarsichtfolie bedeckt etwa
60 Minuten ins Gefrierfach stellen. Sofort servieren.

Für 4 Portionen

750 g Zwetschgen
150 g Zucker
4 Blatt weiße Gelatine
50 ml Kirschlikör
50 g getrocknete Pflaumen
ohne Stein
50 g Mandelstifte
150 g Schmand
3 El Portwein
Zimtzucker zum Bestreuen

Zubereitungszeit: ca. 35 Minuten
(plus Koch- und Kühlzeit)

Pro Portion ca. 483 kcal/2027 kJ
6 g E · 18 g F · 66 g KH

ZWETSCHGEN-TERRINE

Die Zwetschgen waschen, trocknen, entsteinen und in Schnitze schneiden. Mit 100 g Zucker langsam zum Kochen bringen und etwa 20 Minuten unter Rühren köcheln lassen, bis die Früchte sehr weich sind. Die Masse auf 500 ml reduzieren. Die Gelatine in kaltem Wasser einweichen.

Zwetschgen vom Herd nehmen, die eingeweichte Gelatine ausdrücken und unter Rühren im nicht mehr kochenden Frucht-Mus auflösen. Den Kirschlikör unterrühren und die Fruchtmasse abkühlen lassen.

Trockenpflaumen fein würfeln. Mandeln in einer Pfanne ohne Fett goldgelb rösten. Gewürfelte Pflaumen und Mandeln unter die Zwetschgenmasse heben.

Eine Terrinenform mit Klarsichtfolie auslegen. Die Masse einfüllen und zugedeckt über Nacht im Kühlschrank fest werden lassen.

Den Schmand mit Portwein und restlichem Zucker glatt verrühren. Die Terrine stürzen, in Scheiben schneiden und auf Tellern anrichten. Mit etwas Schmand garnieren und mit Zimtzucker bestreuen.

RÜBLITORTE

Die Möhren waschen, putzen, schälen und fein reiben. Beiseitestellen und den Backofen auf 175 °C (Umluft 150 °C) vorheizen. Eine Springform (26 cm Durchmesser) mit Backpapier auslegen und den Rand einfetten.

Die Eier trennen. Eigelb mit Zucker schaumig schlagen. Die Möhren unterheben.

Die Haselnüsse mit den Mandeln und der Speisestärke mischen, unter die Ei-Möhren-Masse rühren, dann den Zimt sowie Zitronenschale und -saft zugeben. Zum Schluss das Kirschwasser unterrühren.

Eiweiß mit 1 Prise Salz steif schlagen und alles vorsichtig mit der Ei-Möhren-Masse vermengen. Den Teig in die Springform geben und glatt streichen.

Den Kuchen auf der mittleren Schiene im Ofen etwa 1 Stunde 10 Minuten backen. Falls der Kuchen zu viel Farbe annimmt, mit Alufolie abdecken. Nach etwa 60 Minuten eine Garprobe machen. Bleibt an einem hineingesteckten Holzstäbchen kein Teig mehr hängen, ist der Kuchen fertig. Kuchen abkühlen lassen und aus der Form lösen.

Für den Guss Puderzucker mit Zitronensaft verrühren und den Kuchen damit einpinseln. Mit Marzipanmöhren und Pistazien verzieren.

Für 16 Stücke

400 g Möhren
8 Eier
300 g Zucker
200 g gemahlene Haselnüsse
200 g gemahlene Mandeln
60 g Speisestärke
1 Tl Zimt
Saft und abgeriebene Schale von 1 Zitrone
3 Tl Kirschwasser
Salz
200 g Puderzucker
3 El Zitronensaft
12 Marzipanmöhren
20 g gehackte Pistazien
Butter für die Form

Zubereitungszeit: ca. 30 Minuten (plus Backzeit)

Pro Stück ca. 282 kcal/1184 kJ
10 g E · 16 g F · 26 g KH

Für 6 Portionen

80 g Zucker
500 ml Limettensaft
150 ml Weißwein
6 El Orangenlikör
einige Zweige frische Minze
zum Garnieren

Zubereitungszeit: ca. 20 Minuten
(plus Gefrierzeit)

Pro Portion ca. 175 kcal/735 kJ
1 g E · 1 g F · 30 g KH

LIMETTEN-GRANITA

250 ml Wasser erwärmen und den Zucker darin auflösen. Anschließend abkühlen lassen.

Den Limettensaft mit Zuckerwasser und Weißwein verrühren. In eine Schüssel füllen und 5 Stunden gefrieren lassen. Beginnt die Flüssigkeit am Rande zu gefrieren, mit einem Esslöffel gut durchrühren.

Während der Gefrierzeit diesen Vorgang 5 bis 6 Mal wiederholen. Je öfter umgerührt wird, desto feiner wird die Granita. In 6 gekühlte Gläser je 1 Esslöffel Likör geben.

Die Granita mit einem Löffel abschaben und in Gläser oder Schälchen füllen. Mit Minzeblättern garnieren und sofort servieren.

CHAMPAGNER-TERRINE MIT FRÜCHTEN

Das vorbereitete Obst mit dem Zucker und etwas Wasser aufkochen. Die Gelatine in kaltem Wasser einweichen.

Das Obst aus dem Topf nehmen und die Gläser halb voll damit füllen. Im heißen, aber nicht mehr kochenden Obstsaft die ausgedrückte Gelatine unter Rühren auflösen, mit Champagner und Zitronensaft auf 750 ml auffüllen.

Die warme Flüssigkeit über die Früchte gießen und über Nacht im Kühlschrank fest werden lassen.

Die Sahne mit dem Vanillezucker halbsteif schlagen und auf den Gläsern verteilen.

Für 4 Portionen

1 kg küchenfertige, gemischte Früchte
(z. B. Erdbeeren, Himbeeren, Brombeeren, Blaubeeren, Kirschen)
100 g Zucker
9 Blatt weiße Gelatine
ca. 350 ml Champagner
2–3 El Zitronensaft
300 ml Sahne
2 Päckchen Bourbon-Vanillezucker

Zubereitungszeit: ca. 25 Minuten
(plus Kühlzeit)

Pro Portion ca. 458 kcal/1922 kJ
6 g E · 24 g F · 44 g KH

BEERENKALTSCHALE

Für 4 Portionen

500 g gemischte Beeren
(z. B. Himbeeren,
Brombeeren,
schwarze Johannisbeeren,
Heidelbeeren)
3 El Zitronensaft
1 P. Vanillinzucker
75 g Zucker
500 ml Buttermilch
4 El blütenzarte
Haferflocken
2 El gemahlene Haselnüsse

Zubereitungszeit: ca. 20 Minuten

Pro Portion ca. 259 kcal/1085 kJ
7 g E · 5 g F · 40 g KH

Die Beeren waschen und verlesen. Einige zum Garnieren zurücklegen. Den Rest mit einer Gabel zerdrücken.

Den Zitronensaft, den Vanillinzucker und den Zucker zur Beerenmasse dazugeben, unterrühren und das Ganze kurz durchziehen lassen.

Ein Drittel der Beeren auf 4 Suppenteller verteilen. Den Rest mit der Buttermilch und den Haferflocken verrühren.

Die Kaltschale in die Teller geben. Mit gemahlenen Haselnüssen bestreuen. Mit den zurückgelegten Beeren garnieren.

Für 6 Portionen

175 g Zucker
2 El Orangensaft
3 El Orangenmarmelade
4 Eier
250 ml Sahne
300 ml Milch
1 Orange

Zubereitungszeit: ca. 20 Minuten
(plus Kühl- und Backzeit)

Pro Portion ca. 358 kcal/1505 kJ
8 g E · 19 g F · 39 g KH

ORANGEN-FLAN

Den Backofen auf 175 °C (Umluft 155 °C) vorheizen.
50 g Zucker mit dem Orangensaft und der Marmelade
in einem kleinen Topf verrühren und aufkochen.

Den Boden einer feuerfesten Auflaufform mit der Orangen-
masse bedecken und im Kühlschrank gelieren lassen.
Die Eier mit dem restlichem Zucker verrühren, mit dem
Schneebesen Sahne und Milch untermischen.

Die Orange heiß abwaschen, die Hälfte der Schale abreiben
und die Frucht in Scheiben schneiden. Die Orangenschale
unter die Eier-Sahne-Creme rühren. Diese dann durch
ein Sieb in die Form streichen und im Wasserbad (in die
Fettpfanne Wasser füllen und Form hineinstellen) im
Ofen etwa 40 Minuten stocken lassen. Abkühlen lassen
und mit Orangenscheiben oder etwas geraspelter Schale
garniert servieren.

Zutaten für 8 Stücke

1 Zweig Rosmarin
400 g Birnen
4 El Puderzucker
2 El Öl
85 g Pinienkerne
1 frischer runder Blätterteig
(ø 32 cm, aus dem
Kühlregal)

Zubereitungszeit: ca. 20 Minuten
(plus Koch- und Backzeit)

Pro Stück ca. 239 kcal/1001 kJ
4 g E · 18 g F · 16 g KH

BIRNEN-ROSMARIN-TARTE

Den Backofen auf 220 °C (Umluft 200 Grad) vorheizen. Rosmarin abspülen und trocken tupfen. Die Nadeln abstreifen, fein hacken und 1 Tl abmessen.

Die Birnen waschen, trocknen, halbieren und die Kerngehäuse entfernen. Die Birnenhälften in 1 cm dicke Spalten schneiden.

Den Puderzucker in einer ofenfesten Pfanne hellbraun karamellisieren lassen. Birnen, Rosmarin, Öl und Pinienkerne in die Pfanne geben und unter Rühren von allen Seiten mit Karamell überziehen. Die Pfanne vom Herd nehmen.

Den Blätterteig auf den Pfanneninhalt legen und die Ränder an den Boden drücken. Die Tarte im Backofen 20 bis 25 Minuten backen.

Tarte herausnehmen und nur kurz abkühlen lassen. Vorsichtig auf eine Tortenplatte stürzen, bevor der Karamell hart wird. Tarte warm oder kalt servieren. Dazu Schlagsahne reichen.

Für 4 Portionen

2 Eier
30 g Zucker
1/2 Päckchen Vanillezucker
300 ml Milch
90 g Zartbitterschokolade
1/2 El Zimtpulver
10 g gemahlene Gelatine
150 ml Sahne
Fett für die Förmchen

Zubereitungszeit: ca. 30 Minuten
(Zeit zum Kühlen)

Pro Portion ca. 368 kcal/1542kJ
12 g E · 24 g F · 26 g KH

KARIBISCHE CREME

Die Eier trennen. Eigelb mit Zucker und Vanillezucker zu einer dicklichen Creme aufschlagen.

Die Milch erwärmen, die Schokolade zerkleinern und mit dem Zimtpulver zur Milch geben. Unter Rühren die Schokolade schmelzen, dann den Topf vom Herd nehmen. Leicht abkühlen lassen und dann mit der Eigelbmasse vermengen.

Die Gelatine in 4 Esslöffel kaltes Wasser rühren, im Wasserbad erwärmen und unter Rühren auflösen. Aus dem Wasserbad nehmen und leicht abkühlen lassen. Gelatine unter die Schokoladencreme rühren und andicken lassen.

Die Sahne steif schlagen, das Eiweiß ebenfalls. Zuerst die Sahne unter die angedickte Creme rühren, dann den Eischnee. Die Creme in 4 gefettete Förmchen füllen und im Kühlschrank fest werden lassen.

SCHOKOLADEN-SOUFFLEE

Den Backofen auf 180 °C (Umluft 160 °C) vorheizen. Die Kuvertüre zerkleinern.

Milch und Butter in einen Topf geben und aufkochen. Die Eier trennen, Eigelb mit Speisestärke und 50 g Zucker verrühren und etwas heiße Milch zugeben. Mit dem Schneebesen gut verrühren. Dann in den Topf geben und unter Rühren andicken lassen, nicht kochen. Den Topf vom Herd nehmen.

Die zerkleinerte Kuvertüre hinzufügen und unterrühren, bis sie geschmolzen ist.

Eiweiß zu Schnee schlagen und die Hälfte unter die Schokoladenmasse heben. Die andere Eischneehälfte mit der geraspelten Schokolade mischen, dann ebenfalls unter die Souffleemasse geben.

Eine Souffleeform (etwa 850 ml) oder 4 kleine Förmchen einfetten und mit dem restlichen Zucker ausstreuen. Die Souffleemasse einfüllen und etwa 45 Minuten backen, bis das Soufflee aufgegangen ist.

Das fertige Soufflee mit Kakaopulver bestreuen, nach Belieben garnieren und noch heiß servieren.

Für 4 Portionen

100 g weiße Kuvertüre
300 ml Milch
25 g Butter
4 Eier
1 El Speisestärke
60 g Zucker
100 g geraspelte
weiße Schokolade
Fett für die Form
Kakaopulver zum Bestreuen

Zubereitungszeit: ca. 40 Minuten
(plus Backzeit)

Pro Portion ca. 523 kcal/2191 kJ
13 g E · 30 g F · 51 g KH

PASTEIS DE NATA

Für 16 Stück

1 Paket TK-Blätterteig
(450 g)
500 ml Sahne
1 Tl Butter
2 El Mehl
275 g Zucker
1 Prise Salz
1 Ei
6 Eigelb
1 Päckchen Bourbon-
Vanillezucker
Zimt und Zucker zum
Bestreuen
Butter für die Form
Mehl zum Ausrollen

Zubereitungszeit: ca. 20 Minuten
(plus Kühl-, Koch-
und Backzeit)

Pro Stück ca. 304 kcal/1277 kJ
3 g E · 21 g F · 27 g KH

Den Blätterteig auftauen lassen. Die einzelnen Scheiben aufeinanderlegen und auf einer dünn mit Mehl bestäubten Arbeitsplatte zu einem Rechteck von etwa 40 x 20 cm ausrollen. Den Teig von einer kurzen Seite her aufrollen, die Rolle in Folie wickeln und im Gefrierschrank fest werden lassen. Dabei aufpassen, dass der Teig nicht gefriert!

Die Teigrolle in etwa 1 cm dicke Scheiben schneiden. Kleine Tarteletttförmchen einfetten und die Blätterteig-scheiben hineindrücken. Den Backofen auf 225 °C (Umluft 200 °C) vorheizen.

Die Sahne mit der Butter in einem Topf aufkochen. Mehl mit Zucker und Salz mischen und zur Sahne geben. Gut unterrühren, damit keine Klümpchen entstehen. Die Mischung aufkochen und etwas abkühlen lassen. Ei, Eigelb und Vanillezucker verquirlen und unter die Sahne-masse heben.

Die Vanillecreme auf den Blätterteigtörtchen verteilen und im Ofen etwa 10 Minuten backen.

Für 12 Stück

1 Packung TK-Blätterteig
(450 g)
250 g Ricotta
50 g Zucker
40 g Butter
2 Eier
150 g Pflaumen

Zubereitungszeit: ca. 20 Minuten
(plus Backzeit)

Pro Stück ca. 248 kcal/1044 kJ
5 g E · 18 g F · 16 g KH

PFLAUMEN-RICOTTA-TÖRTCHEN

Die Blätterteigplatten auftauen lassen. Den Backofen
auf 225 °C (Umluft 200 °C) vorheizen.

Blätterteigplatten halbieren, auf ein mit Backpapier ausgelegtes Backblech legen. Den Ricotta mit dem Zucker,
der Butter und den Eiern cremig schlagen. Diese Creme
auf die Mitte der Blätterteigplatten streichen.

Die Pflaumen waschen, trocken tupfen und das Fruchtfleisch in Spalten schneiden. Je 3 Spalten auf die Ricotta-
creme setzen. Törtchen im Backofen etwa 20 Minuten
backen.

REGISTER

REGISTER